実践知を紡ぎ出す

養護教諭の事例検討ハンドブック

Handbook

編著　亀崎 路子

❖ はじめに ❖

　時代や社会が変化するなかで、養護教諭は、保健室でこれまでとは違った子どもの様子に気づいたり、対応したことがないような問題を抱えた子どもに出会うことがあると思います。目の前の子どもをどのように捉えて、どのように対応したら良いのか、戸惑ったり、養護教諭としての専門性に悩み、アイデンティティが揺らいでしまうこともあるかもしれません。しかし、養護教諭が困っていることのなかに、子どもの本質的な問題が潜んでいると思われます。むしろ、養護教諭の困りごとは、問題の解決や子どもの成長につながる宝の山であると思います。そのようなときに、仲間や先輩、恩師などと事例を検討し、子どもへの支援について話し合い、事例を通して学ぶことは価値あることと言えましょう。

　養護教諭の事例検討は、1960 年代に、子どものヘルスニーズの変化に伴い、保健室における健康相談の仕事が増していき、以後、多くの養護教諭が子どもに対応した事例を持ち寄って検討したり、養護教諭の実践の根拠となる理論を生みだす場として広まりました[1]。そのなかのおひとり、森田光子氏は、地方に養護教諭のための事例検討の種を蒔き、2021 年 10 月 20 日に逝去されるまで、各地で行われる事例検討会に参加し続けて養護教諭を支援してこられました。養護教諭にとって、「事例は日ごとに新しい課題を私たちに提供します。」「事例を通して学ぶ、事例検討から学ぶことは、仕事を継続する限り半ば義務ではないかと考えています。」という森田光子氏の言葉[2]が私たちの心に残り、背中を押してくれます。特に、事例検討で必ず話し合われる養護教諭の「見立て」は、森田光子氏が論じてきたことです[3]。この「見立て」という言葉を最初に提唱した精神科医の土居健郎氏は、見立ての良い医者になる

ためには、外科医は剖検、精神科医は症例検討をして、自分の診断が正しかったか、治療は適切だったかを検証することにつきると言いました[4]。学校では、教諭は研究授業を行います。では、養護教諭はどうでしょうか。養護教諭は、自らの実践を振り返る事例検討や実践研究を行うことと言えます[5]。

　事例検討は敷居が高いというイメージがあるかもしれませんが、実際に、事例検討に参加をしてみて、子どものことや具体的な対応が浮き彫りになり、自身のあり方も見えてきて、事例検討から学ぶことの意義、魅力や奥深さ、心地よさ、力が湧いてくる感覚を知ってもらえることを期待します。身近な地域で始めてみようと思うきっかけになれば、なお幸いです。そして、事例検討が養護教諭の実践知を紡ぎ出す場に育っていくことを願います。関心のある養護教諭の方々を事例検討へとお誘いしたく、皆様のもとに、このハンドブックをお届けいたします。

文献

1) 「養護教諭の相談を学ぶ会編：子どものこころに寄り添う養護教諭の相談的対応，学事出版，1993」を始め、多くの著書や論文が世の中に公表されています。
2) 森田光子（2010）：第8回ワークショップ報告　講評，学校健康相談研究，7(1)，64
3) 大谷尚子・鈴木美智子・森田光子編著（2023）：新版　養護教諭の行う健康相談，東山書房，第4版
4) 土居健郎（1969）：巻頭言「見立て」について，精神医学，11(12)，2-3
5) 亀崎路子（2020）：学校健康相談におけるチーム支援――養護教諭の「見立て」から考える，学校健康相談研究，17 (1)，55-60

※本冊子は、森田光子氏のご子息森田元志様から杏林大学保健学部学校看護学研究室に「養護教諭の研究・研修・啓発活動」のために送られた寄付により作成したことを申し添えます。

❖ 目　次 ❖

はじめに

第1章　事例検討会に参加してみよう … 7

1　事例検討会に参加してみよう … 8

2　事例を通して学ぶ、事例検討から学ぶ意義 … 11

3　事例検討とともに育つ養護教諭 … 15
　　──子どもとのかかわりを問い続けた養護教諭のストーリー──

第2章　事例提供者になってみよう … 23

1　事例を提供してみよう … 24

2　事例を書いてみよう … 27

第3章　養護教諭主催の事例検討会に学ぼう … 33
　　──北から南から、思いを届けます──

1　健康教育学習会　いわき … 34
　　──専門職としての力量アップをめざして──

2　養護教諭の相談を学ぶ会　土浦 … 44
　　──困っている現場の養護教諭をみんなで支えあう──

3　ヘルスカウンセリング研究会 … 52
　　──自分が変わっていく事例検討の進め方──

4　ケース研アドバンス … 61
　　──事例検討会は、明日から頑張る勇気をくれる──

5　地域保健連絡会 … 69
　　──地域の中で子どもを育てる──

6　ぶどうの会 … 76
　　──向上心を支える研究会──

7 　山梨相談を学ぶ会　……………………………………………　83
　　── 共に学び健康相談の力量を高め合う ──

8 　くびき野養護実践研究会　………………………………………　98
　　── 研究会で行ったくびき野式事例検討法の開発 ──

9 　養護実践研究サークル　金沢　………………………………… 107
　　── 能動的な研修をしたい ──

10 　自主学習会　愛媛県八幡浜　…………………………………… 117
　　── 子どもに学び、事例に学び、仲間に学ぶ ──

第4章　養護教諭と事例検討　……………………………… 129

1 　養護教諭にとっての事例検討　………………………………… 130
2 　養護教諭としての事例検討の種類と進め方　………………… 135

第5章　事例検討会での心得と倫理指針　……………… 147

1 　事例検討会での心得と倫理指針　……………………………… 148

第6章　事例検討から紡ぎ出される実践知　………… 163

1 　事例検討会からみえてくる子どもの健康課題　……………… 164
2 　事例検討から実践知を紡ぎ出す省察の道筋　………………… 169
　　── 養護教諭にとっての困りどころは宝の山 ──

第7章　先達からの養護教諭へのエール　…………… 187

1 　「ふだんの対応」こそが健康相談　…………………………… 188
　　── 日常の事例を検討する ──

2 　社会の動きのなかで見る「事例検討」………………………… 193
　　── 最近の体験から ──

あとがき

編著者・執筆者紹介

第1章

事例検討会に参加してみよう

事例検討会に参加してみよう

1 事例検討会に参加したいと思う気持ちはそれぞれ

　事例検討会に参加したことのある養護教諭に、初めて参加したときの理由を聞くとさまざまな答えが返ってきた。

「自分の実践に不安があり他の養護教諭ならどう対応するか聞きたい」
「養護教諭として実践力を身につけたい」
「自分の経験している事例に似たような事例があれば参考にしたい」
「小規模校で事例が少ないのでどんな事例があるのか知りたい」など

　これらの答えからは、養護教諭としての力量を高めたい、学びたいという気持ちが感じられた。
　また、養護教諭が一任職であるからこその答えも聞かれた。

「他の養護教諭とつながりたい」
「同じ養護教諭という立場の人の話が聞きたい」
「養護教諭に話を聴いてもらいたい」
「事例について校内の先生と相談はするけれど、他の養護教諭ならどう対応するのか知りたい」など

　このような理由から事例検討会に参加し、何度か経験すると、次第に

「今日はどんな話が聞けるのかな」

「今日は知り合いになったあの人に会えるかな」

とワクワクしたり、顔なじみになった養護教諭に会うのを楽しみに参加したりするようになるという。そして、事例検討会に参加して元気がもらえたり癒されたりする経験をすると、それが次回も参加しようというモチベーションにつながっていく。

2　事例検討会に参加したくても勇気が出ないときは……

　事例検討会は、講義型の研修会に比べると参加するのに勇気がいるかもしれない。それは、一方的に聞くだけではなく、質問したり時には発言を求められたりするからだろう。慣れない場で自分の考えを述べるのは緊張するし、自分の発言が的外れではないかと不安になったりもするからだ。事例検討会に何度も参加している養護教諭からも、初めて参加する時は不安や緊張があったという話を聞いた。

　たとえ事例検討会に参加したいという思いがあっても、誰も知り合いがいない事例検討会に一人で参加するのは、これもまた勇気がいるだろう。多くの養護教諭は「知り合いの養護教諭に誘われて」事例検討会に参加するようになったという。最近事例検討会に参加するようになった若手養護教諭は、

　「初めての場で、話ができる知り合いの養護教諭の先生が一緒にいてくれたのは、とても安心感がありました」

と話してくれた。

　また、あるベテラン養護教諭は事例検討会に参加し始めた当時のこと

1　事例検討会に参加してみよう　　9

を振り返り、次のように述べている。

「私を事例検討会に誘ってくれた先輩養護教諭が、初めは座って他の先生たちの話を聴いているだけでいいと言ってくれた。それで私はとても安心した気持ちで参加することができた」

このように、その場にいるだけでOKだと保証されていれば、緊張や不安が軽減され、安心して参加できる。
新型コロナウイルス感染症による緊急事態の期間に学生時代を過ごした養護教諭のなかには、

「オンラインは慣れているので緊張しないけれど、対面は緊張します」

と話していた養護教諭もいた。
もし事例検討会に参加する勇気がなかなかでないというときには、参加したことのある知り合いがいれば、どんな雰囲気か、どんな養護教諭が参加しているのか、人数はどれくらいか、どんな進め方をしているのかなど事前に情報を収集するなどして、少しでも安心できる参加の仕方を探ってみるのもいいかもしれない。そうすることで、はじめての事例検討会参加というハードルを飛び越えられるだろう。是非一度事例検討会に足を運んでみることをお勧めする。

（秋山　緑）

2 事例を通して学ぶ、事例検討から学ぶ意義

1 子どもの健康問題は時代や社会を映す鏡

　養護教諭の前身である学校看護婦の手記を読むと、傷病の手当てをしながら子どもの話を聴き、気になる感覚を頼りに子どもに生じている問題を捉え、健康に育つように生活過程を整えてきたことが分かる。いつの時代も、子どもの健康問題は時代や社会を映す鏡である[1]。子どもが表す不調や苦痛、その背景にあるものをみつめ、見立てや支援を変化させていくこと[2]が養護教諭の腕の見せ所であると思うのである。

2 養護教諭にとって事例検討は仕事を続ける限り半ば義務

　1970年代頃より、先輩養護教諭の方々が、養護教諭の相談的な対応には他の職種とは違う独自の方法があると感じて、自身の事例を持ち寄り、事例検討や実践研究に取り組んでこられた[3][4][5]。自らの実践事例を俎上に載せて、仲間と共に日々の実践のなかにある本質や自分たちの仕事の意義を追究する際に、事例検討の方法が用いられてきたのである。そのなかで、森田光子氏は、「スーパーバイザーとの1対1の関係では得られない多くの気づきと学びが得られるように思います。事例は日ごとに新しい課題を私たちに提供します。事例を通して学ぶ、事例検討から学ぶことは、仕事を継続する限り半ば義務ではないかと考えています。」[6]と述べている。各地で開催されてきた事例検討会（第3章を参照）は、子どもの変化に気づく感性が磨かれ、絶えず変動する環境において、思慮分別をもって子どもの状態を最善に見立てて対応する力が

身につく場であり、そのような判断や行動の基となる信念や実践知を紡ぎ出す場であり続けてきた。このかけがえのない拠り所を、養護教諭に共通の財産にする努力がなされてきたことに、敬意を表したい。

3　事例を通して学ぶとは

　心理臨床家の山本力氏は、著書[7]のなかで、「事例とは、ある「こと」が立ち現れてきた「例」」であり、「対人援助は、人と人との関係の場を介して援助の対象にかかわり、ポジティブな変化を生成しようとする実践であり、その個々の臨床実践の過程を抽出したのが「ことの例＝事例」で、「援助者も事例を構成する重要な登場人物」であるという。

　また、事例には、「○○のケース」というように特徴を表す言葉を付けて、何のケースであるかを位置付ける「分類」が前提にあるという。そこで、どこから光を当てて、どの範囲のどの切り口から、何のケースとして事例を捉えようとするのかを意識する必要があると述べている。

　養護教諭に照らしてみると、事例を通して学ぶとは、養護教諭が「なぜだろう」「どうしたらいいんだろう」など気になる子どもの日常に光を当てて、子どもの状態とその背景、子どもが置かれている環境、そして、子どもとのやりとりを検討素材に、養護教諭の問題意識を切り口に、実践を省察し意味を見出すことといえる。

4　事例検討から学ぶ意義

　事例検討の意義を話し合い、見立ての深化と支援の拡大の2軸で考えてみた。ポジショニングマップとして整理したものを図1に示す。

　横軸は、対象理解と自己理解の両方向に事例提供者や参加者の内省が進み、見立てが深化することを表す軸である。中川裕子氏は、事例について「なぜ問題だと思うのか」を問われ、「子どもの問題」だと思って

いたことが、実は「自分の抱えている問題」であることに気づき、子どもが違って見えてきたという[8]。

　次に、縦軸は、子どもの問題が解決する方向と、事例提供者や参加者に変容や成長が生成される方向に支援が拡大することを表す軸である。事例検討は、その場を共有した人に変容をもたらし、それぞれの子どもへの支援に還元され、支援が波及することも期待できるであろう。

（亀崎路子）

文献

1) 森田光子（2005）：学校健康相談の課題と展望，学校健康相談研究，1（1），23-25，2005
2) 亀崎路子（2023）：学校健康相談における事例検討の探究，日本学校健康相談学会第19回学術集会基調報告要旨，20（1），98-102
3) 森田光子ほか（1986）：日常的に行われる相談活動の実際 —— 相談的対応にみる養護教諭固有の機能 ——，東山書房
4) 全国国立大学附属学校養護教諭部会（1989）：みつめるまなざし —— 保健室の相談活動 ——，ぎょうせい
5) 山中寿江（2023）：「健康相談を学ぶ会」を通して紡ぎ出された養護教諭の存在意義，特集　事例検討から紡ぎ出された「知」，学校健康相談研究，20（1），2-5
6) 森田光子（2010）：講評，学校健康相談研究，7（1），64
7) 山本力（2018）：事例研究の考え方と戦略 —— 心理臨床実践の省察的アプローチ，創元社，18-22
8) 中川裕子（2005）：養護教諭として学校健康相談学会に期待すること —— 事例検討会で育てられたことを整理する中から見えてきたこと ——，学校健康相談研究，2（1），13-18

変容や成長の生成

横軸：見立ての深化軸
縦軸：支援の拡大軸

⑲養護教諭の実感を語り合い、言葉として紡ぎ出すことを通じて、実践知が語り継がれる

⑱子どもに養護教諭として成長させてもらえたと実感することができる

⑨「子どもにとっての養護ってなんだろう」を問うことを通じて、養護観が耕される

⑩子どもは時代や社会を映し出す鏡、変化している子どもを深く理解して、対応を変えていくことができる

④他の参加者の質問から視点をもらって、内省することができる

⑦子どもが育つために大人側に必要な支援を見つけることができる

③養護教諭としてのアイデンティティの揺らぎを語り合える

⑥見立てを学び、見立ての良い養護教諭に育つ

自己理解

⑪同じ立場で一緒に困ってくれて、考えてくれる、安心して語れる仲間と出会う

②親身に聞いてもらえる心地よさとともに情緒的サポートが得られる

対象理解

①日常の救急処置の場面で、これでいいのか、困っていること、思っていることを言葉にできる

⑤見立てや対応を学び、事例に合った改善策を見出し、支援に生かせる

⑬地域の資源の情報が得られる

⑧「なぜそう思ったのか」という直観、「なぜそうしたのか」という無意識に行った対応の意図や根拠となった思考を振り返り言語化できる

⑭学校、背景にある家庭や地域の特性が浮き彫りになり問題が見えてくる

⑮多職種と顔見知りになって、連絡し合える関係ができる

⑫対人援助職としての姿勢が鍛えられ、必要な知識や技術を磨くことができる

⑯事例と似たような他の子どもに気づき、必要な支援に気付くことができる

⑰経験のない事例から力量を向上させ、支援の引き出しができる

問題の解決

図1　事例検討の意義マップ

14

事例検討とともに育つ養護教諭
子どもとのかかわりを問い続けた養護教諭のストーリー

1 事例検討との出会いは子どもとのかかわりに悩む思いから

　筆者が初めて事例検討会に参加したのは養護教諭として勤めてから12年が経過した頃である。赴任した中学校は、不登校、自傷行為、摂食障害、発達障害、進路の悩み、友人関係の悩み、部活動の悩み、家庭の問題等々さまざまな悩みや問題を抱えて来室する子どもたちがいた。養護教諭として何ができるだろうと常に頭を悩ませていた。

　そんな折、来室する子どもとどうかかわってよいかわからず悩んでいたことを、いつも相談にのっていただいている先輩養護教諭に話したところ、「近くで事例検討会を行っているから参加してみない？」「参加している方は養護教諭だし、事例を出さなくても座っているだけで大丈夫だから」と誘っていただいた。それが事例検討との出会いである。

　以下に、子どもとのかかわりを問い続けたプロセス[1]を振り返り、事例検討にはどのような意義があるか、「2　事例を通して学ぶ、事例検討から学ぶ意義」で述べた「図1　事例検討の意義マップ」（P.14）に照らしながら述べていく。

2　心が揺さぶられた初めての事例検討会

　その事例検討会は、養護教諭の健康相談を追究している会で、年3回土曜日の午後に地域の学習センターの会議室で開催されていた。参加者は15名程度で養護教諭がほとんどであった。事例提供者が事例の概要について説明し、質疑を繰り返し、事例についての理解が深まった

後、対応策や支援方法について参加者が自由に発言する。当時スーパーバイザーであった森田光子先生が、まとめとして事例に対する見立てや対応、支援方法についてご指導くださった。出された事例に関連した新しい知見や情報を参加者に提供してくださるときもあり、多くの学びがあった。初めて参加したときは、とても緊張したが、事例検討会は誰でも自由に発言できて、和やかな雰囲気のなかで開かれていた。参加していた同じ養護教諭の方々の思いを聞いて共感することも多く、元気をもらえたと同時に、心が揺さぶられた思いがした（図1の①、②、③）。

3　事例を提供した事例検討会

　何と言っても、中学2年女子A子とのかかわりについて事例提供した事例検討会は、今でも忘れられない。その事例検討会はスーパーバイザー1名、養護教諭7名で行われた。A子は、入学時、小学校養護教諭から「来室したら話を聴いてあげてほしい」と引継ぎを受けた子だった。中学1年の6月頃から頻回来室になったとき、A子は自分に自信がなく自己肯定感の低い情緒的ニーズのある子なのではないかとの見立てを立てた。そして、保健室がA子にとって安心安全な空間になるよう、養護教諭である筆者がA子にとっての重要な他者になるようにとの思いで受容、共感的態度で接していた。

　その後、A子は教室に登校できなくなった。母親がA子の鞄を肩にかけて、遅刻しても無理やり保健室に登校させる日々が続き、母親もA子も筆者への依存傾向が感じられた。学年職員ともA子の対応について協議したが、納得のいく対応策が見つからず困惑していた。そこで、事例検討会で事例を提供し、改善策を見出し、A子とのかかわりに生かそうと考えた（図1の⑤）。

　事例検討会は、まず事例の概要を説明し、現在困っていることや協議

してほしいことを語った。その後、参加者からの質疑応答が行われ、対応策が協議された。Ａ子は自己肯定感が低く自分に自信が持てないと捉えていたが、協議では、筆者の見立てとは違い、弱音を吐かず強がりを言う子、未熟で自己中心的な性格、自己顕示欲が強い、演技的傾向があるのでないかとのＡ子像が語られた。Ａ子へのかかわりについては、Ａ子に対して意図的に距離を置き、密着しない離れた関係を保ち、話を聴いても感情を繰り返すだけにとどめ、さりげなく接する等の意見が出た。筆者が養護教諭としてＡ子に対して物分かりがよく、優しい人でなくてはならないとか、なんとかしなくてはという思いを捨てなくてはならないとの意見もあった。筆者は、それまでのＡ子の思いに寄り添いかかわることが、重要な他者になるために必要なかかわりであるという捉えが間違っていたのかと不安になった。保健室をＡ子にとっての安心安全な空間にしたいと思っていたが、参加者から、Ａ子に助け船を出さない、逃げ場になることはよくないなど、予想もつかない指摘を受け、自信がなくなってしまい混乱してしまった。しかし、このままではいけない、Ａ子が変容するためには自分自身が変わらなければならない、かかわりを改善しなくてはならないと決意した（図１の④、⑤、⑥）。

　その後、学校で事例検討会の結果を報告して、校内でかかわりの修正計画を提案したところ、修正計画について教職員の協力が得られ、チームで計画を実践することができた。その修正計画は、事例検討会がなければ到底考えられない内容だった（図１の⑦）。そして、Ａ子は保健室を安心安全の拠り所にしつつ、別室登校するようになり、母親から「母子ともに先生から卒業です」という言葉が聞かれるほどになった。最後は、筆者に頼ることなくＡ子自身で進路を決定することができ、無事卒業していった。ここまでＡ子と筆者が変容できたのは、この事例検討会のおかげといっても過言ではない。事例検討会に参加して事例を提

供して本当によかったと思っている。

4 事例検討会を通じて変容したものはなにか

　事例検討会で事例を提供する上で、事前に自分の実践を整理し文章化することで、Ａ子とのかかわりについて見えてくるものがあった。それは、自分自身が、保健室が安心安全な空間になり、養護教諭が子どもにとっての重要な他者になるように受容的な態度で接したいという養護教諭観、保健室観を無意識にもっていたということが意識化されるということである（図１の①、⑧）。

　次に、事例検討会で参加者に筆者の困っていることや抱えている問題を親身に聴いてもらって、その問題の解決策について一緒に考えてもらえる心地よさを味わうことができたということである。これは、自分のメンタルヘルスを向上させることにもつながった。このような雰囲気が、協議のなかで参加者から鋭い質問を受けたとしても、自分の実践を振り返ることを勇気づけてくれたように思う（図１の②、③、④）。

　また、事例検討を通じて、意図的に距離を置いたかかわりや感情を繰り返すだけのかかわりが必要な場合もあるという新たな気づきを得ることができた。筆者と教職員のこれまでを否定されたようで痛手は大きかったが、Ａ子に対して保健室だけではなくチームとしてかかわるべきという基本も思い出させてくれた。今までＡ子についてわかっていたつもりになっていた自分を反省し、Ａ子への対応のまずさという問題の本質が明らかになると、おのずと改善策が見えてきた（図１の④、⑤、⑦）。

　事例検討会の場がなければ、子どもの見立てや養護教諭観、保健室観の変容はなかっただろうし、Ａ子やその母親へのかかわりの修正には至らなかっただろう（図１の⑥、⑦、⑨、⑩）。

また、その修正に至るには事例検討会を通じて知り合い、事例検討会終了後も筆者を支えてくれた仲間の存在も大きかった。事例検討会で予想もつかない指摘を受け、混乱してしまった筆者の気持ちに寄り添い、事例検討会後に、苦しい胸の内を親身に聴いてくれた。そのおかげで、自分を内省することができて、Ａ子を変容させるためには、自分自身が変わらなければならないという思いにたどり着くことができたと考えている（図1の②、⑪）。

5　日常よくある保健室での子どもへの対応場面の事例検討会

　日常よくある保健室での子どもへの対応場面の事例検討会にも参加した。これは先輩養護教諭が近隣の小中学校の養護教諭に働きかけて、保健室での日常よくある子どもとのかかわりから養護を追究するとともに養護教諭の力量を向上させることを目的として立ち上げたものである。参加者はその意図に賛同した近隣の小中学校養護教諭 10 名程度である。日常よくある保健室での養護教諭の子どもへの対応場面を、エピソードとしてありのままに詳細に記述したものを基に話し合う。事例提供者に対して、感じたこと・思ったこと・疑問や気づきについて、司会者を中心に参加者が質問し、提供者が答えることを繰り返す。質疑の繰り返しのなかで養護教諭の思考と根拠を見出し、言語化して事例提供者に確認する。そして事例検討での気づきを振り返り参加者全員で共有する（図1の①、⑧）。

　この事例検討会では、救急処置場面で子どもに対して親身になって細やかにケアする姿勢、不安を安心に変える言葉かけや態度・姿勢そのものが養護であり、その後子どもの抱えている問題に対応し健康相談につながるきっかけになることを学んだ。救急処置は健康相談の重要な要素でありそれぞれ切り離すことができないことを再確認した[2]。さらに今

までの自分の救急処置を見直し、子どもの痛みに寄り添い安心させる丁寧なかかわりをし、処置した後のかかわりも大切にしていくよう努めるようになった。事例提供者や参加者から救急処置の実際を聞いて、こんな方法もあったのかと救急処置のスキルアップにもつながり、学校現場で大いに役立った（図１の⑤、⑨、⑫）。

　また、近隣の養護教諭から、地域の医療機関や専門機関についての情報をもらい、子どもや保護者からの問い合わせや相談があった際に活かすことができた（図１の⑬）。加えて、事例検討を通じて、近隣の学校と自分の学校を比較することで、学校の特性や問題が明らかになり、教職員と共有して対策を講じることができる。（図１の⑭）。場合によっては、事例検討会で顔見知りになった多職種の方と、問題解決にむけて連絡を取り合って協働で支援をすることもできよう（図１の⑮）。

6　養護教諭が事例検討に参加することの意義

　養護教諭が事例検討会に参加することは、事例を提供するしないにかかわらず、自分の日々の実践を振り返るきっかけになると感じている。事例提供する場合には、事例をまとめていくと、この子をどう見立てたのか、そしてどう対応し、どう支援したのか、そしてその根拠は何かなどが明らかになる。ところが学校現場にいると、記録を残すことは手間と時間がかかり、あきらめてしまうことも多かった。しかし、自分の実践を振り返るために記録はなくてはならないものだと実感する。毎日、保健日誌の出来事の欄にメモ程度に子どもの対応や支援の様子を書くのもよい。そうすることで、事例を通して無意識に感じていることや自分の対応のくせ、子どもの思いに気づくことができる（図１の①、⑧）。

　事例検討では、子ども観や健康観、養護教諭観、保健室観等自分自身を開示する場面があり、苦しさを伴うこともある。しかし、それらを自

己評価することで日々の実践をより良いものにできると感じている。さらに事例検討を進めていくと、養護教諭が自分自身を知ることができ、子どもへの対応や気持ちに変化が生じ、養護教諭の変容が子どもの変容につながると考える。そして、その子にとっての養護とは何だったのかが明らかになり、子どもに養護教諭として成長させてもらえたと実感することができると考える（図1の③、④、⑨、⑱）。このとき、養護教諭が変容できた裏側には、事例検討会で一緒に考えてくれた参加者の存在があるだろう。事例検討会は、そのような仲間との出会いを引き寄せてくれる（図1の②、⑪）。

　事例検討会に事例を提供せずに参加した場合でも、事例提供者の子どもに対する思いや見立て、支援策を聞くことにより、私だったらこの子の見立てをどうするのか、どのように対応するだろうか、連携はどうするのかなど考えるきっかけになる。事例と似たような他の子どもに気づき、必要な支援につながる。事例検討会に参加する回数が増えるたび、自分の実践の引き出しが増えていくのを実感する。このように養護教諭が事例検討をするということは、養護教諭としての力量を向上させるためにも意義があると確信している（図1の⑤、⑯、⑰）。

　事例検討を継続して行っていくと、日々変化する子どもに今何が起こっているのかが見えてくる。数々の事例を通して、養護教諭の実感を語り合い、学校や地域の特性、家庭背景など、子どもが置かれている状況に応じて求められる支援が言葉として紡ぎ出され、数字では表し切れない養護教諭としての実践知が語り継がれていく（図1の⑩、⑭、⑲）。

　このように、事例検討会は、養護教諭として子どもとのかかわりを問い続けることを心地よく受入れてくれる。仲間との出会いを引き寄せてくれる。事例検討を通じて生み出された支援を学校現場に生かすことにつながり、子どもの変容につながっていく。ときに、養護教諭がこれま

3 事例検討とともに育つ養護教諭　21

で信じてきた考えを捉え直すことに直面する。それは苦しいけれども、立ち止まって内省する場がある。そうして、事例検討を通じて養護教諭として育つ場を与えてくれる。求めなければ出会えないけれども、子どもとのかかわりを振り返り「これでいいのか」と悩む思いを言葉にして、学ぶことを求めれば、養護教諭にとってかけがえのない実践知を語り継ぐ場で、事例検討とともに育つことができる。

（古谷明子、亀崎路子）

文献

1) 古谷明子・秋山緑・河野千枝（2013）：事例検討後の養護教諭の困難とかかわりの修正行為——アクション・リサーチのプロセスに基づく内省から見えてきたもの——，学校健康相談研究，10（1），45-56
2) 河野千枝・渡邉泰子・小松香里・高橋弘美・市原あゆみ・古谷明子・塚田則子・舘野智子・大滝しのぶ・大島寛美（2013）：事例検討によって形成される養護教諭の力量——事例「日常よくある保健室での子どもへの対応」の場合——学校健康相談研究，10（1），57-65

第 2 章

事例提供者になってみよう

1 事例を提供してみよう

1 事例提供者にしか味わえない気持ちを経験してほしい

　事例を提供するということは、参加するよりも、もっとハードルが高いと思うかもしれない。そもそも、ほとんどの養護教諭が学校の中で一人という状況で働いている。自分の働きぶりや、子どもへの接し方、職員との関係を、同じ立場の養護教諭に客観的に見られるという経験がほとんどない。そのような状況で、事例を提供するということは、自分のことを丸ごとさらけ出す気持ちになるだろう。厳しい指摘を受けたらどうしようと思うだろう。けれども、事例提供者にしか味わえない気持ちがある。そのような貴重な経験をしてほしい。

2 「困った」「大変だった」で終わらせないで

　ある小学校養護教諭のAさんは、初任者とは思えないとてもしっかりしている印象だった。Aさんと筆者は、中1ギャップをなくしたいという強い思いがあって、研究交流をする間柄だった。Aさんは、顔を合わせるたびに、小学6年のB子にとても困っていることを話してくれた。Aさんは、B子をなんとかしてあげたいという強い思いと、自分自身が養護教諭としてどうしていいかわからない、という二つの思いで困惑していた。その様子を見ながら、筆者は、B子が数か月後には中学校に入学することになるであろうから、他人事ではないという思いもあった。Aさんの話を親身に聴きながら、Aさんのことをどうにかしてあげたいと思っていた。その頃、筆者は、定期的に参加している事例検討会

があったことから、Aさんに、その会で、事例を提供することを提案した。「なにしろ、そこは、養護教諭が集まる場で、安心して語れる場だよ。」と声をかけると、Aさんは、事例を提供することを迷うことなく受け入れてくれた。Aさんは、本当に困っていた。事例を提供することに対する不安よりも、藁にもつかむ思いであったのだろう。「助けてください」という心の声が聞こえてくるようだった。

3 「なにか違う」というもやもや感を振り返って

中学校養護教諭のCさんは、なんども事例検討会に参加をしていて、事例提供することは初めてではなかった。そのようなCさんが、発達障害のあるD男が見立てられない、「なにか違う」というもやもやした気持ちで事例を提供しようと思った。Cさんは、事例検討会で、他の養護教諭から質問を受け、がんばっていることへの労いや大変さに対する共感が得られた。そのようななかで、見立てが立てられないのは、保健室登校を大勢受入れている状況があるから、D男にかかわり切れていなかったことに気づいた。だから、「なにか違う」というもやもや感を抱いていたことが分かって、Cさんはすっきりすることができた。

「なにか違う」というもやもや感は、事例を提供するきっかけとなる。

4 「なぜだろう」「ちょっと気になる」という感覚を言葉にして

養護教諭のEさんは、F子へかかわればかかわるほど、うまくいかず、F子に対して納得のいく対応策が見つからない状態であった。見立てが違っているのだろうか？　という思いで、事例を提供している。Eさんは、自分の見立てやかかわりを検討してもらうことで、F子とのかかわりを見直そうという思いになった。自分の見立てではうまくいっておらず「なぜだろう」と悩んでいる時に、事例を提供することで、解決策に

近づくことができる。

　また、日常のよくある保健室での対応場面の検討や、例えば、廊下ですれ違ったときに必ずアイコンタクトをする子どもとのかかわりや、欠席が続いている子どもについての教職員とのかかわりなど、「事例にならない事例」の検討では、「なぜだろう」「ちょっと気になる」という感覚を言葉にすることができる。言葉にすることで、「なぜだろう」「ちょっと気になる」の背景にある思いや疑問、見立て、問題と思っていることの中身などを明らかにすることにつながる。

5　事例提供をする際の倫理的な配慮

　事例を提供するときには、管理職の承諾を得たり、書いたものを校閲してもらったり、校内で許可を得てから事例を提供し、学校に還元できることが望ましい。しかし、養護教諭自身の学びや精神の安定を図るために、事例を提供することが優先される場合には、許可を得ずに、自分の責任の範疇で事例を提供することもある。その際には、提供事例の事実を一部変えて、特定される情報は配布資料には記載せず、その配布資料はすべて回収し、破棄することが必要である。詳しくは、第5章を参照してほしい。

（河野千枝）

2 事例を書いてみよう

1　事例をフォーマットに沿って書いてみる

　事例検討会では、それぞれに事例のフォーマットがあることが多い。まずはそのフォーマットに沿って書いてみよう。そのフォーマットに書き込んでいくことで、分かっていなかったことや見えていない部分にも気づき、事例の全体像が見えてくる。

2　事例を書くために

①普段から記録が大事

　しっかりかかわっている子どものことだけでなく、頻回来室、保健室登校、不登校、放課後登校、休みが続いて気になる、廊下ですれ違う様子が気になる、生徒指導部会で情報を得て気になるなど、「ちょっと気になる」子どものことも、とにかくメモに残しておくことが大切になる。

　記録の内容は、出来事や子どもの様子等の客観的事実と、判断し対応したこと、かかわりの意図、感じたこと等の主観的な事柄を分けて記録することを心掛けるとよい。

　記録の方法としては、保健日誌の活用がある。毎日記載する保健日誌に、少しプラスするだけという手軽さがある。自分だけのメモではなく学校全体で共有することができるのもメリットである。情報を保健日誌という形で共有することに抵抗がある場合は、ノートやパソコンソフトを使った入力もよいだろう。一人ひとりのカルテを作り、個人に対する

情報を蓄積していく方法もある。

　森田光子氏は、平成12年度健康相談活動中央研修で、健康相談活動の記録の力をつけることは、よく「観る」ことから始まる、と述べている。子どもの、あるいは関係する人々の「心の動き」と、その応答としての表情や言葉を、注意深く「観る・聴く・感じる」ことである。そして、その観たこと、感じたこと、判断したこと、養護教諭が具体的に行ったことを分けて記録する[1]、と伝えている。分けて書くことは、重要であると筆者は実感している。なぜならば、このことを意識して分けて書くことによって、事例が整理されて、そこで気づくこともたくさんある。また、参加者の事例への理解がしやすくなる。事例に対する思いが強ければ強いほど、混同しがちなので気をつけたい。

②情報収集が大事

　子ども理解やその子どもの抱えている問題を知るためには、学校内外の情報収集が必要となる。情報を集めるために、日頃から教職員とのコミュニケーションを心がける。職員室での教職員との交流のなかで得られる情報は大切である。教職員と良好な関係を保つことで、教職員が情報をもたらしてくれるようになる。

　また、学校には、子どもを理解するための情報が多くある。入学前の引継ぎ、家庭環境調査、健康診断票、成長曲線、保健調査票、成績などである。その情報をまとめることで、事例の問題が浮き彫りになることがある。

③事例を理解するために必要な情報

　事例検討に参加したメンバーが、その事例を理解するために必要な情報を表1にまとめた。対象の子どもを中心に、家庭、学校、地域とさまざまな情報が必要となる。それらの情報を集めることで、その子どもへのよりよい支援や養護教諭の「気になる」の背景に近づくことができる。

この情報のなかに、養護教諭自身が子どもをどのように捉え、どのように見立てているか、どのようになって欲しいのか、ということも込められる。自然と、養護教諭観、子ども観、子どもへの願い、健康観、教育観が表れる。

④その事例の何を検討したいか整理する

　事例を提供するために、その事例に関する情報を収集し整理することで、その事例の問題点や養護教諭自身が困っていることが見えてきて、おのずと検討してほしいことが明確になってくる。あらかじめ問題となる出来事があり、事例を提供しようと思い、事例を書いていくうちに、最初の見方が変わり、検討してもらいたいことが変わるということもある。何を検討したいかということが、最終的には、事例の「タイトル」に込められる。

表1　事例を理解するために必要な情報

項目	具体例
主訴	・保健室来室理由　・問題行動　・気になること ・困っていること
本人	・年齢　・性別　・成育歴　・既往症　・健康状態　・欠席状況 ・保健室来室状況　・体格　・成績　・友達関係　・得意な事 ・苦手な事　・行動の特徴　・性質　・性格
家庭	・家族構成　・養育状況　・経済状況
学校	・規模　・教職員とのかかわり　・学校風土　・校内体制 ・保健室の状況　・養護教諭の校務分掌
地域	・環境　・資源　・サポートの状況

2 事例を書いてみよう　29

3 事例を書き始めよう

①事例のタイトルを書く

　その事例の特徴的なことをタイトルとする。そのタイトルを見ただけで、その事例の何を検討したいかという思いが伝わるようなタイトルにする。書いたら、いったん保留にしておいて、事例の内容をまとめた後に、もう一度、タイトルはこれでよいかどうかを見直すとよいだろう。

②事例の概要として収集した情報を書く

　収集した多くの情報のなかから、検討してもらうために必要な情報をピックアップして書き出す。

③具体的なかかわりの経緯を書く

　具体的に起こった出来事を時系列に整理して書き出す。日々の記録と同様に客観的な事実と主観的な事柄を混同しないように記載する。

　出来事のなかで、なぜその出来事を取り上げたかという、事例提供者の思いを明確にしておく。なぜなら取り上げられた出来事は、見立ての根拠につながるからである。なぜそれを取り上げて書くのか、そのことで何を問題にしたいのかが分かる書き方をすることが大事であり、それを意識して書くとよい。

④見立て・検討してほしいことを書く

　あらためて、自分が事例をどのように見立てているのか、そして、検討してほしいことを書く。事例の概要や経緯を書いているうちに、事例を深く理解することで、見立てや検討してほしいことが変わることもあるだろう。この時点でタイトルや主訴、そして検討に必要な情報が変わることがある。

4 事例を書くことの意義

　事例を書くために改めて情報収集している時は、教職員とのかかわり

が日頃とは少し違い、客観的になるため、自分自身を振り返ることができる。例えば、保健室登校の子どもの対応について、担任と対応の仕方が違ってモヤモヤしている事例に関して、事例を書くための情報収集という視点で担任と話をすることで、お互いの子どもに対する捉えの違いに気づくことができる。事例を書くために情報を収集することで、自分がなぜそのような捉えをしているのかを振り返るきっかけにもなる。

　情報をまとめることや自分がその事例をどのように見立てていて、何に困っていて、何を検討してもらいたいのか整理して事例を書いていることで、すでに自分自身でその事例を検討している。

　事例を提供した経験のある人の多くが、「事例を書いてみることで見えてくることがあり勉強になった」と言う。第5章で山本力氏も「資料の準備段階で事例検討の半分が終わっている」と述べている。

　事例を書き慣れている熟練者は、事例を整理するために、事例をフォーマットにして書いてみる、ということをする。書くことで事例の問題点が見えてきて、事例提供者になろうと思うことがあるという。

（河野千枝）

文献

1）森田光子（2000）：健康相談活動における記録の取り方，平成12年度保健室相談活動中央研修会資料，44-46

第3章

養護教諭主催の事例検討会に学ぼう
― 北から南から、思いを届けます ―

Chapter 3

健康教育学習会　いわき
— 専門職としての力量アップをめざして —

1　会が発足したきっかけは子どもに向き合う自信が揺らぐ日々

　2000年9月、いわき市内の高等学校の養護教諭7名が、自分たちが日々感じている健康相談や執務に対する不安や悩みについて相談することができる会を立ち上げたのが、のちに「健康教育学習会」（以下「学習会」と略す）と名付けることになった集まりである。

　なぜこの時、養護教諭としての力量アップを目指した学習会を立ち上げ、学びを深めようと言う思いで意見がまとまったのか。それは1997年の神戸連続児童殺傷事件、1998年の栃木女性教師刺殺事件、2000年の豊川市主婦殺人事件、同じ年に起きた西鉄バスジャック事件と毎年のように、10代の少年によって殺人事件が起きていたという時代背景と無縁ではなかったように思われる。これらの事件の要因や背景については、マスコミの情報などから推察することしかできなかったが、養護教諭として同じような年代の生徒と日々向き合い、複雑な事例に数多く対応していると、前述した事件などが思いだされ、仕事を続けていく自信を失いかけることがあったのも、事実である。また自分たちが認識できない速さで人としての存在や価値観、命に対する畏怖の念などに変化が起き、少年たちは自分の生き方を肯定できないばかりではなく、他人の生き方をも肯定できないと感じることが多くなっているのではないかと考えることもあった。このような疑問を感じながらも日々仕事に追われる現実が、養護教諭として真摯に生徒の訴えに耳を傾けることができているのかという不安を募らせ、健康相談とは何かということをみつめ

直す必要性があるのではと感じるようになっていた。そのような時、養護教諭仲間が同じ悩みを持っていることを知り、生徒たちとの向き合い方について悩みや不安を素直に吐露することができ、かつ今求められている健康相談の理論的な裏付けなどを学びあう仲間づくりが必要ではないかという結論に至り、学習会を立ち上げてみようということになったのである。

2 会のコンセプトは養護教諭としての専門性の向上を図ること

「健康教育学習会」という名称を使用していることからも推察できるように、会としては、健康相談の事例検討のみに学習内容を限定せず、健康教育全般について幅広く学ぶ機会を設け、養護教諭としての専門性の向上を図ることを目標とし、以下の3点を中心に学びを深めることにした。

第1点は、事例検討を中心に忌憚のない意見や考え方を出し合い議論を深める一方で、「傾聴訓練」や「場面設定のロールプレイング」なども活用して、健康相談の際に多面的に課題を考察する姿勢の習得に努める。

第2点は、心理学的視点の学習を通して、生徒の心理的背景への配慮も含めたアプローチの仕方を向上させる。

第3点は、学会論文などを参考にする際、調査研究などに使用される統計分析の基本的な知識を学習することにより、論文を読む能力の習得に努め、執務の課題の把握や解決法の考察に活用できる力量の向上を図る。

以上の3点の目標実現のためには、自分たちの活動を理解し継続的に講師を引き受け協力してくださるスーパーバイザーや講師の先生を探すことが、いわき市という地方都市では最大の課題であった。

1 健康教育学習会 いわき　35

3 会の構成メンバーは市内の高等学校の養護教諭仲間

　前述したように創成期のメンバーは、いわき市内の高等学校の養護教諭7名であったが、学習会の活動を開始してからは、市内の高校に勤務する養護教諭に声をかけ、都合のつく時や相談したい事例がある時に参加をするという形で会員を募ってきた。

　そのようななかで森田光子先生が定期的に来てくださるようになってからは、学習会の活動に興味を持って積極的に参加してくれる若い人が増え、12〜13人ぐらいの参加者があるようになった。また、会を運営するため、会長や会計などの役割も決め、講師への連絡などの円滑化も図っていった。

4 健康教育学習会の開催は定例と楽しみをプラスしたお泊り学習会

　開催日時は、養護教諭の執務が忙しい4月と夏休みの8月を除き年10回ほど、土曜日の13時30分から16時30分までが基本であったが、講師の先生の都合などを考慮し開催日時は柔軟に対応することにしていた。

　また、学習に楽しみをプラスした「お泊り学習会」と言うものを、ほぼ毎年3月に実施し、この時には森田光子先生と会員の親睦をかねた集まりを金曜日の夜に行い、次の日の朝9時から「健康相談の演習」など実技を中心に学習をすることにしていた。親睦会で森田光子先生からお聞きする経験談は、いつも参加者に感動とやる気を起こさせてくださるので「お泊り学習会」は楽しい時間でもあった。なお、会への参加方法は自由であったが、事例を提出する場合には開催日の1週間前くらいまでに連絡を入れ、可能な場合は事例原稿を事前に提出することになっていた。

5　参加者は興味のある養護教諭仲間

　養護教諭部会などで年に数回顔を合わせている仲間なので、学習会の内容を口コミで伝えることで興味のある人がだんだんと参加してくるようになっていった。

6　検討する事例の出し方は目的によって2通り

　事例に関しては、森田光子先生のすすめで養護教諭としての見立てや判断力をつけることを目的に「事例にならない事例」と題して、執務のなかで出会うちょっと気になる事例を出しあい、どのような関わり方があるのかを出席者全員で検討しあう学習と、対応に苦慮している事例の検討という2つの流れで学習を行っていた。前者については学習会当日口頭で紹介されることが多く、後者の場合は個人情報に関わることも多いため、個人が特定されることがないように記録には十分な配慮を行い、学習会終了後に資料は提出者が回収する方法をとっていた。

　事例に記載する内容は、①タイトル　②学年・性別　③家族構成や親の職業などの家庭環境　④本人の基本情報（既往歴や出席状況、部活動）　⑤事例を検討するにあたり関わりのある担任や部活動顧問からの情報　⑥事例の経過　⑦養護教諭の関わりと見立て　⑧課題として感じていることなどを記載する。

表1　事例の記述形式

タイトル　学年・性別

【家族構成や家庭環境】		
【本人の基本情報】		
【担任や顧問などからの情報】		
経過		
月　　日	事例生徒の様子や経過	養護教諭・担任などの対応
【課題として感じていること】		

（事例の内容により記述内容は変えてよい）

7　健康教育学習会の3つの目標と事例検討会

　前述したように健康教育学習会には中心になる3つの目標があり、それぞれに講師の先生をお願いしていたことから、会の流れには多少違いがあった。

　森田光子先生と統計分析などを主に教えてくださった竹鼻ゆかり先生（現東京学芸大学教授）は東京からいわきまでお出でいただくので、いわき到着後は会員と昼食をともにした後に学習会となった。会員にとって学習会は大切であったが、食事中にお二人の先生からお聞きする養護教諭の活動やお仕事の話は、自分たちにとって参考になることが多かった。

　また、心理学について教えてくださった山入端津由先生（当時いわき明星大学教授）とは年に1回学習会終了後に懇親会（忘年会）を開き、先生の出身地である沖縄の事など、いろいろ教えていただいて楽しい時間を過ごすこともあった。

学習会の進行は、会長の挨拶終了後、すぐに当日の計画に沿って事例検討や学習を開始した。参加者から出された質問や疑問などについて、講師の先生方はいつも丁寧に分かりやすく納得がいくまで答えてくださるので、先生方の帰りの電車の時間に間に合わなくなるのではないかと毎回心配したものである。会長の他に司会担当者、送迎担当者の役割なども前もって決めて、円滑に会を進められるように配慮していた。学習会は約3時間の予定なので、途中で休憩時間を15分ほど設け、気持ちの切り替えの時間としていた。

　なお、会場は公共の施設やいわき明星大学の施設を使わせていただいたので、使用料はかからなかったが、講師の先生の旅費や資料代、休憩時間の御茶菓子代などの費用として、参加者は1回1,000円の参加費を収めることになっていた。

8　スーパーバイザーとのロールプレイングで発見や糸口を体感

　森田光子先生にご指導をお願いすることになった経緯は、筆者が福島県教育委員会主催の「健康相談活動研修会」に参加した際の昼休憩の時、森田光子先生が「私も千葉大学大学院の講師をやめたので、時間に余裕ができました。よかったら勉強会などに声をかけてください。」とおっしゃったので、この千載一遇のチャンスを逃してはならないと考え、後先考えずに講師をお願いしたことが始まりである。その時は、森田光子先生が学習会に年に1回でも来てくださったなら、会員のモチベーションは一気にあがるという思いから図々しく学習会にきていただけないかとお願いをしてしまった。後から知った事であるが、森田光子先生の言葉を真に受けて講師のお願いをしたのは私だけであったらしい。

　事例検討の場合は、参加者が感じた疑問や対応の仕方などについて意

見を出し合い、事例への理解を深め課題を絞り込む。次に課題に対して
どのような対応があるのかについて、再度検討していき少しずつ課題解
決に繋がる対応の方向性を導きだす、という流れが主であった。しか
し、この流れがいつも上手くいくわけではない。そのような時に森田光
子先生から経験を交えた適切なアドバイスを得ることで、さらに考察を
深めることができた。また、事例検討の行き詰まりを打開する方法の一
つとして、「傾聴訓練」や「場面設定のロールプレイング」を学習して
みることをすすめられ、「お泊り学習会」の時に挑戦を重ねていった。
その結果、回を重ねるごとに会員の表現力が増し、迫真の演技に思わず
ロールプレイであることを忘れ動揺してしまうこともあった。しかし、
言語（聴覚）＋演技（視覚）のもつ力は書かれたものからイメージを作
りだすのとは違い、課題の発見や解決の糸口を体感できることが貴重な
経験となった。また、仲間の観察力の鋭さや表現力を目の当たりにして
新鮮な感動を味わうこともでき、始めは苦手意識のあったロールプレイ
ングが楽しみな時間に変ってきたのは驚きであったが、それは指導して
くださった森田光子先生のスーパーバイザーとしての力量の素晴らしさ
に負うところが大きかったと思っている。

　竹鼻ゆかり先生は、養護教諭として必要な保健統計の基本を学びたい
と森田光子先生に相談をして紹介していただいた。竹鼻ゆかり先生に
は、特に量的調査の統計分析について、学生時代に学んだはずの基本的
なこと「帰無仮説」「対立仮説」「有意水準」などから、徐々に段階を踏
みながら調査研究とはということについて丁寧に教えていただいた。ま
た、「研究計画書」の作成の仕方を学んだ時には、研究をすることの必
要性について理解を深める機会となった。統計分析の仕方についてご指
導くださった竹鼻ゆかり先生が、講義の第１回目の最初にお話してく
ださったのが、SST（ソーシャルスキルトレーニング）の活用であった

のが、今でも印象に残っている。

　心理学関連の講師を務めてくださった山入端津由先生は、会員の一人が「いわき明星大学の教授の方が養護教諭の執務に対して興味と関心を持ってくださっているらしい」と言う情報を得てきて、講師をお願いしたのが最初の出会いであった。その後 2003 年～ 2007 年まで、先生が故郷の沖縄国際大学に異動されるまで講師をしていただき、青少年犯罪に関連した心理的側面や、心理学の基本について多くのことを教えていただいた。

9　健康教育学習会から得られたスキルが子どもに向き合う原動力に

　森田光子先生、山入端津由先生、竹鼻ゆかり先生に学習会の講師として長くご指導いただけるとは、学習会を立ち上げた当初は想像すらできないことであった。しかし、学習会での学びは健康相談のスキルアップに繋がり、日々の執務のなかでたとえ始めは成果が認められなくとも、以前のように不安を感じたり焦ることはずっと少なくなった。それは、学習会で多くの事例について検討し課題の分析と焦点化について学んだことが大きかった。また、迷った時には相談にのってくれる学習仲間がいるという安心感が、執務全般にプラスの影響を及ぼしていたと思われる。

　それとともに 10 年以上学び続けた時間と知識は、2011 年 3 月 11 日に起きた東日本大震災後の混乱のなかでも、養護教諭として生徒と向き合う原動力に繋がったのではないかと思う。

表2　山入端津由先生の主な講義内容

主な講義	具体的内容
認知行動療法	・心理学とは　・脳での記憶のカテゴリー ・認知行動療法　・薬について　・受動モデル ・能動モデル　・反応実験 ・現在の心理状況を理解するスケール
少年犯罪 動作法	・少年犯罪に関して　・少年鑑別所とは　・裁定とは ・長崎の中学生が起こした事件経過 ・カウンセリングとは　・動作訓練法について
動作法の有効性	・自己効力感　・養護教諭の役割
不安について	・エリスの情動理論療法　・感情の共有　・構造化面接 ・バウアーの感情ネットワークモデルについて
ストレス マネージメント	・教育とカウンセリング ・佐世保の小学校6年生女児による同級生殺害事件 ・黒磯の中学校教諭殺害事件　・サカキバラセイト事件 ・スクールカウンセラー　・カウンセリングとは ・生徒指導とは
事例検討	・ストレス
コラージュの実技	・グリュンワルドの空間図式について
人はなぜ迷信を 信じるのか	・今何故スピリチュアルなのか ・ユングの世界　・心の問題

生徒指導と カウセリンの比較		カウンセリング	生徒指導
	相談場所	相談室	校内外（適宜）
	相談時間	契約（制限あり）	適宜
	関わり方	制限的 　学外接触否 　指示・命令無 　傾聴 　支持はする（サ 　ポート支援）	非制限的 　学外接触可 　指示・命令有 　説教・諭す・ 　ほめる・同情する
	相談形態	非日常的	日常的

10　東日本大震災以降の健康教育学習会

　学びの場としての学習会の活動が充実してきていた時に発生した、東日本大震災による地震と津波の被害に加え、東京第一原子力発電所の事故による放射能汚染は、養護教諭の仕事にも大きな影響を及ぼし、生徒の心身両面の健康維持の対応に追われる日々が続くことになった。そのようななかでは、健康教育学習会も開催することが難しくなり、かつ、学習会立ち上げ当時のメンバーも順次退職により現場を離れることとなり、残念ながら学習会の継続が難しくなったのが現実であった。

11　会を立ち上げた当時を振り返って

　講師を引き受けてくださる先生がいらっしゃるという確信がないなかで立ち上げた学習会であったが、当時を振り返ってみると会員にとっては土曜日の午後という貴重な時間を使ってもなお、価値がある時間だという思いが学習会を継続させる力になったのだと思う。また、当時の会員の学ぼうとするパワーの源は、養護教諭の専門性とは、力量アップには何が必要か、と必死に考えていたことに由来するものだったのではなかったかと思っている。

　森田光子先生にもうお会いできないと考えると、例えようのない寂しさに襲われます。当時、先生はよく「言葉を鍛えなさい」とおっしゃっていましたが、奥深い一言だったと今も思っています。

　最後になりましたが、森田光子先生と出会えたことに感謝するとともに、ご冥福を心よりお祈り申し上げます。

（笹原和子）

養護教諭の相談を学ぶ会　土浦
── 困っている現場の養護教諭をみんなで支えあう ──

1　会が発足したきっかけは……

「もっとたくさんの人が事例検討会から学べたらいいね」

「養護教諭の相談を学ぶ会」（以下、「学ぶ会」と述べる）の事例検討会が、1980年3月27日に発足して以来、20年以上もの間東京で開催されていたが、2003年の3月に閉じられるということになった。そのときに、なくなってしまうことを残念に思った人たちの間で、「もっと近くでできたらいいね」「もっとたくさんの人が養護教諭の健康相談を学ぶ場があったらいいね」という話になったことが、「養護教諭の相談を学ぶ会　土浦」（以後、「土浦の会」と述べる）が発足したきっかけだったと聞いている。

　土浦駅前にある公共施設の一室を借り、事例検討の良さを知っている人が10人くらい集まって始めたそうである。スーパーバイザーを、最初から「学ぶ会」に参加してきた森田光子先生にお願いした。会の運営は、年会費を集めて行っていた。

　メールの時代ではなかったので、事務局を担当してくれた方が、お知らせの葉書を登録した人に送ってくれていた。日々の忙しさのなかでその葉書を受け取ると、「ああ、行こう」と思い、元気をもらえたそうだ。

2 会のコンセプトは養護教諭としてありのままに語れる場

その時困っている現場の養護教諭の悩みを、みんなで支えあおうという姿勢で始まったと聞いている。この思いは、今も変わっていない。

当初の会の目的は、「学ぶ会」の流れをくんで、養護教諭として力を付けていく場にしていこうという理想があった。森田光子先生からの助言もあり、事例検討から事例研究につなげること、仮説を立てて実践したことを記録し、分析して、見出した法則をもとに、論文として発表することだったと思う。養護教諭が行っている無形文化財を有形にしてみたいと言う先達の思いもあり、「実践者は研究者であれ」という目指すものがあった。

時代の変化とともに、子どもが抱える問題も変化し、養護教諭に求められるものが増え多忙さを極めていくなかで、困っていることを相談したいけれど、実践を研究する時間的余裕がないと言った雰囲気が感じられるようになった。また、事例検討に対しても「うまく語れなかったらどうしよう」「自分の実践を批判されたらどうしよう」などと、苦手意識をもっている人の声も聞こえてきた。このような状況で、敷居が高いと思われないようにする工夫をしながら、目の前の子どもに起きていることに戸惑ったり、対応に確信が持てずに迷ったりしていることをありのままに語れる場にしていくことが必要になったように思う。

そこでまずは、困っていること、何とかしたいと思っていることをきっかけに、養護教諭同士が語り合える場となるようにしてみた。事例検討を大切にするという思いを核にしながらも、徐々に、目的や会のあり方が変化していったように思う。

3 会の構成メンバーは養護教諭の相談を学びたい人は誰でも

最初は現職養護教諭だけだった。そのうちに、養護教諭と一緒に働い

ている心理職の人が参加することがあった。また、メンバーが大学院に進んだり、大学の教員になったりして、そこで出会った学生を連れてくることもあった。特にこれまで、資格や条件を決めることなくやってきている。広報はせず、参加している人からの紹介で、来たい人は拒まずにやってこられた。養護教諭の相談を学びたい人たちが、自然と集まってきているように思う。

　会を運営するために、事務局を担当する人を一人置いて、その方ができなくなったら交代するようにしてきた。今は4人目である。事務局の役割は、日程調整、会場確保（これは、協力してくれる人にやってもらっている）、事例提供者の依頼、会の案内、会計管理などである。スーパーバイザーがいるときは事例を資料にして、事前に送るなどをしていた。

　2024年度現在メンバーは45人くらいである。

4　事例検討会の開催方法

　頻度は、学期に1回、年3回で継続してきている。

　参加は、事務局から案内をメールで配信し、参加希望を募っている。参加者は、毎回10〜15人くらいである。

5　参加者は困っている思いをきっかけに会とつながる

　養護教諭同士で困っていることが話題になり、その会話のなかで「学びたい」と思っている気持ちを察知したとき、会に参加している人が、「土浦があるよ」と口コミで会のことを紹介している。そうして、身近なところで誘ったり誘われたりして、メンバーが増えていった。人づてにこの事例検討会は、広がっていったと思う。

　最近では、新型コロナウイルス感染症の影響で、養護教諭同士が集

まって話をする機会が減り、仲間とのつながりが少なくなってしまった。つながりを求めている養護教諭を察知したときも、会を紹介している。

6　事例シートを通じて事例提供者の見立てと根拠を浮き彫りにする

　事例シートは、問題解決のための事例検討向けに、①タイトル、②学校の概要、③検討する子どもについて、④家庭環境、⑤欠席状況など、⑥事例の経過、⑦養護教諭（学校）の見立て、⑧困っていること、協議してほしいこと、を使用してきた（表１）。タイトルは、養護教諭がその子の問題をどう捉えて、どう見立てているのかが反映されるので、大切だと実感している。

　事例提供者は事例シートを書くことで学べることが多くある。事例提供者に事例シートを書いてもらうときには、「○○までに書いてね」「できた？」など事務局から声をかけて寄り添うようにしている。しかし、実際に事例シートをまとめる作業は大変な作業である。事例シートを書くための材料として、まずは保健日誌を基にする、学級担任に聞いてみる、家庭環境調査票や保健調査票を見直す、校内の会議で話題になったことも参考にする、など提案している。実際に資料にまとめるときには、子どものことで気になったエピソードをしっかり書くことを助言している。養護教諭が気になったことを見ていくことで、その養護教諭が子どものなにを問題だと思い、子どもの状況をどのように見立てているのかが見えてくるからである。これは、森田光子先生が特に強調していたことである。

　他にも、事例検討に慣れていなかったり、事例検討に対してハードルが高いと感じたりしている人たちが語れる工夫として、「事例にならない事例」を検討したこともあった。そのときは、事例を書くことが負担になることもあるので、事例シートなしで行った。

表1 「養護教諭の相談を学ぶ会」での事例記述形式（一例）

タイトル 〇〇〇〇〇〇〇事例 （学年、性別、エピソード場面含む）

【学校の概要】

【子どもについて】

【家庭環境】

【欠席状況など】

【事例の経過】時系列で書く

月日	子どもの様子・気になること	養護教諭（学校）の対応

【養護教諭（学校）の見立て】

【困っていること・協議してほしいこと】

7 「養護教諭の相談を学ぶ会」から続く事例検討の進め方

　当日の流れは、表2にまとめた通りである。現在は、スーパーバイザーを立てていない。

　「はじめに」までは事務局が司会を行う。「事例検討」と「まとめとシェアリング」の部分は、事務局があらかじめお願いしていた参加者がファシリテーターを担う。

表 2 「養護教諭の相談を学ぶ会」の事例検討の進め方

はじめに	1	自己紹介（初めての参加者がいる場合）
	2	事例検討の方法（初めての参加者がいる場合）
	3	タイムスケジュールの確認
事例検討	4	事例概要の説明（事例提供者）
	5	事例についての事例提供者（学校）の見立てとその根拠（事例提供者）
	6	質疑（事例概要の説明を聞いて、子ども理解を深めるための質問と答えを自由な雰囲気で）
	7	困っていることと協議してほしいことを中心に解決策の協議（自由に発言）
まとめとシェアリング	8	スーパーバイザーからのご助言、事例に関する新しい情報や知見紹介
	9	参加者で思いの共有

8　スーパーバイザーが伝え続けた「事例検討から学ぶ」の体現

　森田光子先生は、2003 年から、新型コロナウイルス感染症の蔓延があった 2019 年までの 16 年間、年 3 回開催していたこの会に、休むことなく参加し、支援をし続けてくださった。森田光子先生が私たちにご指導くださるときは、静かな声のトーンのなかに凛とした強さが感じられ、養護教諭としても穏やかさと信念を持ちなさいと言われていたような気がする。

　具体的には、事例提供者が立てた見立てに対して、子どもの様子や気になること、養護教諭や学校の対応をはじめ、学校の体制や家庭の状況などを深く掘り下げていき、「見立てとその根拠」を何度も問いかけた。事例提供者は、問われることで「見立てとその根拠」を言語化することができ、より事例の理解が深まり、対応が見えてきて、問題の解決につながるのである。この体験は参加者も同じように味わっているのである。

また、森田光子先生は、自ら研究をし続けてきた人であることを強く感じる。傘寿を過ぎても新しい知見を得るために、どこにでも出向き勉強され、事例検討会の場でそれを伝えてくださっていた。その姿勢に、学び続ける大切さを教えていただいた。

　そして、保健室で見える子どもは、時代や社会の鏡であるということ、事例検討から学ぶことの意義を伝え続けてくださったと思う。その思いを受け継ぎ体現できるように努めながら、事例検討を続けていきたいと思っている。

　新型コロナウイルス感染症による制限が解かれて、会を再開した今では、スーパーバイザーをおいていない。メンバー一人ひとりがそれぞれの経験、思いでその事例に向き合い、スーパーバイズしあっていると思っている。その際に、事例提供者の困り感に寄り添いながら、事例に対する養護を掘り下げることを大切にしている。

9　事例を通して育まれる養護教諭として大切な「観」

　子ども観、健康観、障害観、教育観、保健室観、養護教諭観、そして養護観、などなど、引き出しをいっぱい埋めてくれている。提供される事例は、自分が出会ったことがない事例の方が多いけれども、知らない事例だからこそ学ぶことがあり、自分のなかの「観」が広がっていくように感じる。勤務している学校で、以前に検討した事例に近い子どもに出会ったときに、「あのときのあの事例と同じだ」と思うと、自分のなかに引き出しがあって助かったと思えることが多い。

　それにはやはり仲間の存在が大きい。

10　自分がしてもらったように後輩が育つ場づくりを展望

　検討したいことは、回数を増やして、語りたいときに語れるチャンス

をタイムリーにすることである。

　一人職である養護教諭が学ぶ機会は、本当に自分で作るしかないとつくづく思う。自分がしてもらったように、後輩を育てる場にしていくことが使命と思うようになった。

　近年、新型コロナウイルス感染症の影響もあり、学校はどうなるのだろうという気がかりがある。ますます、養護教諭同士が語り合う場が必要だと感じている。

　課題は、事務局として記録をどのように残し、実践研究としてまとめていくかである。

11　成長の種を蒔く

　振り返って、森田光子先生のスーパーバイズのパワーを改めて感じるとともに、その言葉のシャワーを受けたメンバーがそれぞれに成長できていることを感じる。精一杯な毎日だけれども、「今」を大切にするとともに、成長の種を蒔いていける人でありたい。

（河野千枝）

3 ヘルスカウンセリング研究会
―自分が変わっていく事例検討の進め方―

1　会が発足したきっかけは必然だったヘルスカウンセリング

　1970年代の学校は児童生徒数が急増し、非行の低年齢化、校内暴力、家庭内暴力、薬物乱用、登校拒否（当時の表現）等の問題を抱え、支援方法を模索していた。1977年、順天堂大学では養護教諭を対象に毎月1回「保健科学研究会」の研修会を開催していた。そのなかで、受け身ではなく積極的に関わっていく研究グループが立ち上がり、その一つに場面緘黙児童とどのように対応していくかを検討している養護教諭と大津一義氏（順天堂大学）のグループがあった。心の問題に対しては養護教諭の職務として認知された時代ではなかったがヘルスカウンセリングが必然となり1979年に「ヘルスカウンセリング研究会」の活動が始まった。

2　会のコンセプトは自己改革を支える心地よい緊張感と安心感

①会のありかた

　一方的に学ぶだけでなく自主的に研修し、人間観や人生観を磨くために参加してほしいと考え、事例だけでなく児童生徒の健康課題を理解するための学びの場となるよう時代に即した内容にも取り組んだ。

　会の運営にあたっては会員全員が事務局を経験することで、司会進行やプログラム作りや記録の残し方等々を学んだ。仮に失敗しても次に活かせる機会があることで、各自が地域で運営する立場になった時に自信をもって、事例検討会や研究活動にも取り組めるような力量や学校内の

組織で活きるスキルを身に付けることができた。

　また、心地よい緊張感と安心感のある会は、先輩の姿勢から学んだ教えを後輩が引き継ぎ親交を深めながら交流の場として続いている。

　毎年度末には、1年間の活動記録として会員が事例検討会で提案した資料や研究発表会資料及び会員各自の反省等をまとめた冊子を作成した。

②事例検討会

　事例検討会は、支援者が事例をどう見立てるかだけでなく、どのように考え、どのように対応していくのか、参加者も含め自己改革が伴う場であると意識して会員は参加している。

　事例を提供する提案者が、事例内容が的確で客観性があること、参加者が理解しやすい書き方やまとめ方や提案方法になっているかを学ぶ場になっている。

　参加者は、提案者にとっては学びの機会ではあるが、事例を提案することに葛藤し不安を感じていることを考慮して参加すること、提案してよかったと思える検討会になることを大事にしている。

　また、経験値の差があっても、どのような疑問や些細な質問でも恥じることなく発言でき、受け止めてもらえる安心感のある時間になるよう心掛けた。

3　会の構成メンバー

　発足当初は現職養護教諭4名であったが、その後、養護教諭経験のある保健師や臨床心理士、また大学教員、大学院生、一般教員も参加し、2002年には42名になり、現在は17名が所属している。会員はベテランから若手まで年齢層が広く、家庭の都合で休会後復帰する会員もいた。

表1　組織

事務局	リーダー	運営計画立案 会員・スーパーバイザーへの連絡調整
	副リーダー	リーダー補佐
	会計	年会費管理、会場調整
スーパーバイザー		
会員		

4　事例検討会の開催方法

　年間を通して月1回の定例会、夏季研修会、3月の研究発表会の三構成で開催し、いずれも提案に必要な資料を紙ベースで用意し参加した。

　会員は、年度当初に開催日時、事例提供者、司会者、記録者を決めて作成した年間計画を基に参加し、欠席連絡は事務局に事前に報告した。

　2014年から定例会の開催はなく、夏季研修会と研究発表会を行っていたが、現在は夏季研修会のみの開催となっている。

表2　開催について

	開催方法		内容
定例会	毎月1回 土曜日	午後	事例検討・伝達研修
夏季研修会	夏休み	宿泊開催	事例検討・スキル研修
研究発表会	春休み	終日開催	年間活動のまとめ

①定例会

　発足当時は学校が土曜日勤務の時代であり、県内各所から参加する状況から毎月1回土曜日午後13時30分から開催し、会場も大学を借用していた。その後実態に合わせ、開始時刻、交通の便、会場費等を考慮

し駅近くの公民館を借用した。一つの事例を継続検討した時期もあったが、毎月異なった事例を検討したり、個々が学んできたカウンセリングに関する研修内容を伝達することもあった。

②夏季研修会

夏休みに宿泊施設を伴う会場を利用して一泊二日で開催した。時間に余裕があるため事例検討だけでなく会員のスキルアップにつながる研修やリフレッシュできる研修にも取り組んだ。

③研究発表会

春休みに終日で開催をした。会員が一年間で学んだこと、取り組んだこと、事例などをまとめた資料を各自が用意し、発表会形式で発表した。

5　参加者はどのようなことをきっかけに会に参加しているか

会員が勤務する地域で、児童生徒の対応に悩んでいたり、ヘルスカウンセリングに興味関心がある養護教諭や教育実習生への紹介、各学会に発表した際に本会の活動を知り参加する方もいた。

6　事例理解が深まる事例の書き方

表3のように、参加者の事例理解が深まるように生活場面や家族関係や学校や社会のかかわりをふまえて書くが、事例によっては、欠席状況や家族構成、学習状況を柱に書くなど、事例内容によって工夫している。

本人を取り巻く人間関係は、人間関係図を用いたが、しかし、この人間関係図も最初からあったものではなく、長年の検討会を経て導き出された実践知である。

①人間関係図

本人を取り巻く人間関係は、人間関係図を用いて事例をめぐる人間関係がどのようになっているのかを図式化したものである。日常生活のな

かで感じていて言語化できなかったものを図示することで可視化しやすくなり、支援しなければならないことや密接過ぎる関係等がわかる。□には事例をイメージしやすいように個々の人物の情報を書き込み、本人と関係者同士の関係を矢印や◎○△×で良好か否かを示している。

表3　事例の記述形式

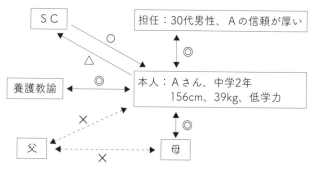

【タイトル】例：不登校3年目　中学2年Aさんの今後のかかわり方
　　事例の概要がわかるようにつける
【概要】
　　事例の概要を簡単にまとめて書く
【本人を取り巻く人間関係】
　　人間関係図を用いて支援が必要な本人をとりまく登場人物との関係性がわかるように図式化する。

【経過・エピソード】
　　事例の課題や特徴的なエピソードを、誰が、何を、いつ、どのようにかかわったかを整理して経過を追って書く。

年月日	Aさんのエピソード 言動や気持ちの変化	主としてかかわる人物について （担任や養護教諭の考えや行動）

【今後の課題】
　　養護教諭の見立てによる、支援方針等、検討してほしいこと
【事例検討会まとめ】

②経過・エピソード

　表3のように日常の記録を基に児童生徒の言動や表情、養護教諭の働きかけや心の動き、保護者や関係機関との関係、管理職や他教員への働きかけ、校内の組織づくり、専門機関への連絡等を時系列に書く。

　事例によっては、支援方針に相違がある関係者別、学校や家庭などの生活場面別のように分けて時系列に書くなど提案者に任されている。

③事例検討会のまとめ

　提案者は検討会で学んだことやその後の事例経過をまとめ、次回事例検討会に紙ベースで報告し振り返る機会になっていた。

7　事例検討会当日の流れと役割分担

　事務局による会場準備に始まり、表4の流れで開催した。

表4　事例検討会の進め方

開会	1　リーダー挨拶 2　参加者確認　（初参加者がいる場合は自己紹介） 3　司会、提案者、記録者紹介 4　タイムスケジュール確認
事例検討	5　提案者による事例概要説明 6　質疑応答 7　協議してほしい内容について検討
まとめ	8　スーパーバイザーによる指導 9　参加者の感想 10　提案者の感想 11　司会者によるまとめ
閉会	12　会員からの検討してほしい事例等の要望確認 13　次回開催内容の確認

3　ヘルスカウンセリング研究会　　57

8 スーパーバイザーの存在

発足当時から健康教育・学校保健・ヘルスカウンセリングが専門の大津一義氏（順天堂大学・ウエルネススポーツ大学勤務）、1991年からは病院等の勤務歴だけでなく大学学長として教育者でもある精神科医師の吉川武彦氏（国立精神・神経センター・精神保健所、中部学院大学、清泉女学院大学・清泉女学院短期大学等勤務、2015年没）の2名に指導を受けた。

それぞれの専門的な立場からだけでなく事例の見方、理解の仕方、提案方法等についての指導は、養護教諭の基本となる学校保健やカウンセリングの知識や事象の根拠を振り返る緊張感のある場であった。

また、会員にとってもスーパーバイザーとして必要な次のことを教えてもらう機会でもあった。

- ・参加者が事例提案者の今後につながるような方向に検討をさせる。
- ・労をねぎらうだけでなく、学習するためには厳しい指摘も必要。
- ・事例提案者の支援方法や方針の考え方と相違があれば事例提案者に意見を聞く。
- ・事例には事例提案者の葛藤が書かれているが、正しい行動とは限らないため事例提案者とのディスカッションも必要。

9 事例検討会を振り返って得られたこと

「自分が変わっていく事例検討会」は、提案された事例の内容や課題だけでなく、事例に関わらせながら事例提案を行うための条件や心構え、事例のとらえ方などについても学ぶことができた。

また、次の視点で参加することで検討内容が深まった（表5）。

継続中だけでなく過去の事例を振り返って提案することで、自己の反省につながる。また、アレルギー対応等の救急処置に関わる事例など養

護教諭が執務のなかで経験するさまざまな事象についても支援する立場で視点を明確にして検討することができるようになった。

他にもグループ研究による学会発表や執筆活動などで人間関係や視野も広がり、人としても成長する時間になったと実感している。

表5　事例検討会による学び

事例提案者	・発言に責任を持つ。 ・事例における役割を認識する。 ・キーパーソンを誰にするのかを早期に見極める。 ・事例のゴールを予測する。 ・地域や学校で児童生徒を育てている認識をもつ。 ・事例の将来、卒業後の成長も含めて考える。 ・学校という組織の中での立場を考える。 ・自分の限界はどこかを認識する。
参加者	・養護教諭が一人で抱え込むのではない。 ・いつ、だれが、どのように支援するのかをみる。 ・客観的に広い視野で事例をみる。 ・学校というシステムを認識し支援を考える。 ・提案者の苦悩や不安を理解する。 ・提案者が支援しているのか、第三者としてかかわっている事例になっていないかを読み取る。

10　今後の会の展望

発足当時と比べ現在の養護教諭は学ぶ機会も選択肢も増えている。

新規参加者が難しい状況にあり、固定された会員ではあるが情報機器の利用により、抱えている課題を共有することで支援や取り組みにあたっているのが現状である。今後も年1回ではあるが事例検討や個々の学びや研究を報告する機会を続けたい。

3　ヘルスカウンセリング研究会

11　その他

　本会は、事例検討を柱に養護教諭のスキルアップを図り続けてきた。

　以前に比して、養護教諭の位置づけや執務内容が理解され、教育現場だけでなく世の中においても浸透してきているが、しかし、例えば「登校に悩んでいる児童生徒に対しては保健室登校」というように安直に勧める例は多い。その児童生徒にとって保健室登校が必要な状態なのか、保健室来室者の状況や物理的な実態などから、学校として受け入れる体制ができているのかなどが検討されることもなく始まるケースにより苦慮している養護教諭も多い。

　学校のそれぞれの場面で、養護教諭が現状を本質的に考えていかなければ解決にたどり着かない。そのために必要な力量を高める場としても、事例検討会は重要だと考えている。

（斎藤裕子）

4 ケース研アドバンス
―― 事例検討会は、明日から頑張る勇気をくれる ――

1 会が発足したきっかけは……
「ハウツーだけではない、見立てを大切にした事例検討の場を」

　千葉大学大学院教育学研究科における「教育臨床ケース研究」という授業を味わったメンバーが中心となって、「大学院を修了しても見立てを大切にした事例検討の場が欲しい。」という思いで、千葉大学教育学部准教授　磯邉聡先生に相談をしたことが始まりである。

　「教育臨床ケース研究」では、それまでの行政などで実施されている「支援の手立て」を中心とする事例検討とは全く異なっていた。3時間（90分×2コマ）をかけ、丁寧にその子・事例を見立てていく。その事例のなかに自分の関わり方や考えたこと、くせなども包括して検討していく。

　磯邉先生は、「『みたて』が不適切だと関わりは援助的に機能しないばかりか阻害的なものになる危険性すらある」[1]と述べている。更に「自分自身の姿も『みたて』の一部を構成しているということであり『みたて』は自分以外の対象物を切り取るのでは無く、自分自身もその視野のなかに入れて行われなくてはならない。」[2]と指摘している。

　私自身が最初に出した事例では、自分自身が傷つかないように肝心なところでは引いていたことに気づき、関わりを深く後悔する内容であった。

　しかし、この深さを知ると自分が養護教諭として児童生徒を支援していくために事例検討の必要性を実感するようになった。

そこで、「教育臨床ケース研究」を経験した有志が磯邉先生に頼み込んで、始めたのがケース研アドバンスである。

2　会のコンセプトは見立てを通して自己理解を深める場

　事例を大切に、そこから真摯に学ぶこと。学んだことを実践（臨床）に活かすこと。前述のようにハウツーではなく、丁寧に見立てをしていくこと。

　事例提供者の「検討したいこと」を尊重した質問や意見を意識し、事例から離れるような自分の経験談などは行わないことが「教育臨床ケース研究」発足以来のルールとなっている。

　そして、お客さんにはならないよう、メンバーは、1年に1事例は提供することになっている。「次は、誰が？」と相談すると、優先度合いの高い事例から「ぜひ検討してもらいたい事例がある。」と応えがある。

　メンバーも固定のクローズドとなっている。いつもの仲間ということから、安心して自己開示ができる。そして、同じ仲間で継続していくことにより自分たちの成長を実感できる。（私自身は、まだまだ見立てが甘いな……と反省することしきりではあるが……）。

　「人は自分を理解した深さまでしか相手を理解することができない」以前、磯邉先生の講義のなかで紹介された村瀬嘉代子氏の言葉。今回、本稿を作成するにあたり、磯邉先生より「大学院の臨床ケース研究・ケース研アドバンスともに援助者が内省を深めるような場になるように心がけている。援助者が自己理解を深めることも目的としている事例検討会というのはあまり多くないかもしれないが、この点が一番大切なことと思っている。そのためにも事例検討会が何よりも『安心・安全な場』であることが前提条件となる。」という説明があった。

　自己理解は、自己開示により、他者からのフィードバックがあって

62

こそ深まるもの。「事例を扱うからクローズドのメンバーで行うのだろう。」と思っていた。だが、より深い意味合い・目的がこの「ケース研アドバンス」にあったということを知ることができた。

3　会の構成メンバーは教育臨床に携わる仲間

　大学院を修了したあるいは同程度という基準で、現在、10名がメンバーとなっている。養護教諭も複数名いるが、同じメンバーでもキャリアを積むなかで、担任、通級指導教室担当教員、訪問相談担当教員、スクールソーシャルワーカー、スクールカウンセラー、管理職等、さまざまな立場での参加となっている。

　仕事等の都合により、毎回、5～6名程度の参加である。

　新型コロナウイルス感染症拡大により開催できない時期もあった。事例検討ができず悔しい気持ちもあったが、そんな時は、事例は扱えなくてもオンラインで語り合う会や飲み会を行い仲間との交流を図った。

4　事例検討会の開催方法

　開催頻度は、1～2か月に1回程度。スーパーバイザーの磯邉先生の都合がつく土曜日・時間帯のなかでLINE等を用いてとりまとめ役が調整を行う。開催の1週間前にLINEやメールにてリマインダーを送り、事例検討会当日の最終的な参加人数を確認する。取りまとめ役は、会の発足から関わっている筆者が行っている。

5　参加はメンバーの承認を得て

　前述のようにきっかけは、大学院での授業であった。その時のメンバーを中心に磯邉先生やメンバーの知人で参加したい者が申請し、メンバーの承認を経て参加するようになる。

この間は、新型コロナウイルス感染症の流行と使用している教室の大きさとの関係で、加入を待ってもらったケースもあった。

6 事例を書くことによってストーリーが読めてくる

現在は、決まった形は無いが、おおよそ以下の内容となっている。

事例に書く主な内容

○タイトル
※ここをどう名付けるかも重要なポイントである。何が事例なのか、課題となっているのか。事例検討のなかでタイトルの意図の確認が再度なされることもある。
○検討してもらいたいこと
○事例の概要
○家族構成
○引き継ぎがあれば引き継ぎの内容
○健康状態・欠席状況等
○事例の経過

事例を書くなかで、足りない情報が見えたり、自分の関わり方のくせが見えたりすることもある。自分の見立てやその時感じたこと、思いも書き込んでいく。必要な情報は、改めて担任や学年・顧問等と情報を集め、すりあわせることもある。

磯邉先生は、「(事例の)資料が書けるようになるということは、事例が『わかってくる』『ストーリーが読めてくる』ということでもあり、この作業を通じて事例提供者の成長がもたらされる。」[3) と述べている。

このように事例を提供するために「書く」ことだけでも見えてくることがある。しかし、事例検討に載せてこそ、自分が見えていなかった視点で仲間らのアドバイスがあり、スーパーバイザーからも更に深い見立てを得られるのだと思う。

7　事例検討会当日の流れと役割分担

　役割分担としては、事例提供者、司会、おやつ係がある。毎回、一人100円程度のお菓子をおやつ係が準備する。基本的には、事例提供→司会→おやつ係の順でローテーションしていく。

　事例検討当日の流れは、

事例検討会の流れの実際

○はじめに
・とりまとめ役が本日の役割を確認する。
　他、連絡事項や検討事項があれば、取り上げる。
○事例の報告と質疑
○事例検討
○まとめとシェアリング
・参加者が一人ひとり学んだことや感想を述べる。
・スーパーバイザーの磯邉先生からのコメントをいただく。
・事例提供者が感想を述べる。
・とりまとめ役が、次回についての確認を行う。

　年度初めなどは、最初に近況報告が入る。異動があったり、これまでと異なる職種になったりすることもある。夏や冬には、「暑気払いつき」「忘年会・新年会つき」となる。磯邉先生を含め、メンバー同士の交流はざっくばらんに話ができる大切な場となっている。

8　スーパーバイザーの存在がもたらす臨床力の向上

　より深い見立てと学びのためにかけがえのない存在である。「○○さんは、どう見立てているの？」と時折質問され、改めて見立ての甘さや偏りを実感することがある。

　事例に関わる内容でミニ講義を聞くことができる時もある。

4　ケース研アドバンス　　65

例えば、現実不安なのか、見捨てられ不安なのか、解体不安なのか、不安の種類による病態の水準の違いについての話があった。そして、予後・関わりが異なるということを学んだ。

　ある時は、「一人でいられるためには何が必要なのか。」という内容から「（母）親の内在化」についての話があった。更に「『親代わり』で修正できる。学校で『母たち群』が少しずつピースを埋めていくことができる。」と聞き、改めて学校での関わりの可能性を感じることができた。

　メンバーにも改めて聞いてみたところ、「毎回講義を聞くことができる感じ。」「鳥瞰図的な見方を知ることができる。」「自分がやっていることの理論付けを得られる。」「言葉にできないことを言葉にしてもらい、理論が結びつくと職場でも伝えやすくなる。」などの意見が出された。

　スーパーバイザーから、毎回、目からうろこが落ちるような一段深く理論的な話しを聞くことができる。

　磯邉先生は、「事例検討が、具体性と抽象性を行き来しながら事例提供者や参加者が総合的な臨床力を向上させていく場になると良いと考えている」[4]が、まさにスーパーバイザーの存在により私たちの臨床力が向上するための場となっている。

9　事例検討会から得られる新たな視点、明日から頑張る勇気

　この「ケース研アドバンス」の特徴は、養護教諭もいるが、養護教諭以外の多種多様な職種のメンバーがいるということである。

　同じ養護教諭から身体や健康からのアプローチなど養護教諭ならではの関わりについてのアドバイスもある。スクールカウンセラーの心理職からの心理的な側面からの発言、学級担任ならではの「集団をどう見るのか」という視点など、多方面からの視点やアドバイスは、自分にはない新たな視点を得ることができる。

小学校・中学校・高等学校・特別支援学校とメンバーが勤務している学校種もさまざまである。私自身も小・中学校で勤務したことはあるが、高校での支援の様子を聞き、イメージとは異なることがあった。高校に勤務するメンバーは、「高校の3年間しか見ていなかったが、小・中学校の関わりを知り、つながりを感じることができた。」と述べている。

　また、継続していくことで、似たケースに巡り会ったときに事例検討会を思い出し、活かしながら関わることもできる。

　時には、職場の仲間や管理職に「ケース研アドバンス」に事例を提供することを事前に伝え、得たアドバイスを職場でシェアすることもある。見立てを職場で共有することで、時にその子への見方が優しくなることもあった。そして、支援の輪が広がることになる。

　そして、もっとも大きな「得られること」としては、タイトルにあるとおり、「明日から頑張る勇気をくれる」ということだろう。対応に苦慮し、行き詰まっているケースを事例提供することが多い。事例検討で得られた見立てや新たな視点、関わりの可能性は、明日からまた子どもへの支援に向かうエネルギーと勇気になっている。

10　今後の会の展望

　子どもを支援する自分たちが、子どもたちのために成長できることを願っている。子どもに関わり続けるかぎり、仲間とともに学んでいきたい。事例検討は、他では得られない学びを得ることができる。

11　願わくば

　「願わくば、もっと回数があればいいのに。」という声もあるが、勤務等、忙しいなかで時間をやりくりして設定しているため、いたしかたな

い面もある。

　「『次も参加したい』と思える研修会・事例検討会って多くは無いよ
ね。」「出られないと『すごく残念!!』と思う。」とメンバーと夜の会で
も話をした。

　スーパーバイザーの磯邉先生や仲間、「ケース研アドバンス」という
事例検討の場に出会えたことに感謝したい。

（大木静子＆アドバンスの仲間たち）

文献

1）磯邉聡：学校臨床における「みたて」，千葉大学教育学部研究紀要，65，
　　21，2017
2）前掲書1）：29
3）磯邉聡：教育臨床における事例検討をめぐって，千葉大学教育学部研究紀
　　要，66，6，2018
4）前掲書3）：4

5 地域保健連絡会
―― 地域の中で子どもを育てる ――

1 会が発足したきっかけは保健師のもとに通ったこと

　1988年、A市内の小学校と中学校の養護教諭2名が「子どもたちの健康問題を考えるうえで保健師と連携することはとても大事なこと」と考え、保健師との連携を試みることになった。そして、非公式に勤務時間外に、地域のヘルスステーションの保健師に子どもの健康問題についての話し合いを申し入れ、健康診断の結果を資料として3人で会合を持ったのが最初である。その後も細々と会合を続けていたが、その3年後、市の健康支援課の課長から養護教諭に、これまで保健師の業務に思春期保健は含まれていなかったが、今回新たに導入されたため、非公式でやっていた養護教諭との会合を、公式に発足させたいという話があった。そして、1991年健康支援課が事務局となって「地域保健連絡会」が発足した。

　（本会の全体像を図1に示したので以下参考にされたい。）

2 子どもは地域で育つという視点を会のコンセプトに

　まず、子どもは地域の中で共に育つという視点でみていくと、以下の3つのことがあげられた。
　①子どもにとって、幼稚園、保育所、小学校、中学校は日中多くの時間を過ごす活動の場である。
　②子どもを取り巻く環境には、家庭を筆頭に、学校や保育所、幼稚園のみでなく、市の健康支援課、保健所、公民館、病院、警察等々が

あり、多くの人々が子どもたちを見守っている。

③子どもを理解するには、さまざまな立場の人々がそれぞれ一時的に子どもを捉えるのではなく、背景にある家族や地域の特徴を踏まえてトータル的に捉えることが大切である。

　これらのことから、地域で子どもを支援するネットワークづくりが大切であり、地域保健連絡会はその基盤となり得ると考えた。そのため、本会は子どもたちの健康問題なら何でも話し合うことができる会であり、問題提起は誰でも必要に応じて出すことができ、話し合える場とした。事例検討は健康問題を話し合う場の一つに位置づけられる。

3　会の構成メンバーは地域の人々との横並びの関係

　発足当初は、ある中学校区（児童・生徒が通学する区域のこと）の中にある学校や関係機関で働く養護教諭（中学校1名、小学校2名）3名と保健師2名、教育委員会学校保健担当者、幼稚園教頭、保育所保育士であった。地域保健連絡会が発展するにつれ、高校養護教諭や公民館の担当者も参加し、必要に応じて保健所の精神に関わる職員も参加するようになった。参加メンバーはそれぞれの立場を尊重し、自然と横並びの関係になった。

4　事例検討会の開催は定例会から必要に応じ関係する職種が参集

　定例会は毎学期1回、年3回開催している。健康支援課が事務局となり、参加の施設長に出張依頼文書を出すことで、参加しやすくなっている。時間帯は、午後3時から5時までの2時間である。また、開催場所としてメンバーの職場を順に回ることで、それぞれの職場理解にも繋げることができている。司会は順番制で行い、提案者は事前に健康支援課に連絡したうえで随時問題提起することができる。

この会の特徴は、定例会では、事例検討だけでなく、子どもの健康問題全般を取り上げているということである。これまでの例では、生活習慣の実態調査をそれぞれの施設で行い、生活習慣の年代別の特徴や問題点を探ったり、小学校で赤ちゃんふれあい体験教室を保健師の協力を得て実施したり、幼稚園に保健師が出向いて健康教育を行ったりしている。

　事例については定例会で出す方が効果的なのか、関係者のみで開いた方がよいのかを見極めて、いずれかの方法を取っている。

　多くの事例は、最初は定例会で出しても、その後は関係者のみで必要に応じ連絡・連携し、随時事例検討会を開いている。

5　事例の書き方は自由

　参加者に多様性があり、この様式でというものはない。言葉で説明する者や書面で提案する者もいて、方法は自由である。

6　学校内だけでは解決できない事例について検討する会の流れ

　会場となる施設が会場準備をし、司会者が自己紹介を促した後、事例検討のすすめ方を説明し協議に入る。まず、事例について提案者から説明し、その後、参加者の質問を受けた後、協議に入る。具体的に誰が何をするかを検討して解散した。

　この会に出される事例の特徴は、虐待や、家庭内の問題が大きいこと、例えば親の精神疾患で子どもに問題が発生しているなど、学校内だけでは解決できない事例が主に取り上げられている。

7　集まってきた多職種がスーパーバイザー

　多職種の集まりであり、取り上げる健康問題も多岐に渡るので、スーパーバイザーはいない。むしろ、誰もが自由に提案でき、解決策につい

5　地域保健連絡会　71

ては、自分の職種を活かした視点で解決策を考え、実行に移している。結果は次の会議で報告することになっている。

8　事例検討会によって生かされる多職種の持つ強み

　本会では子どもの健康問題について自由に取り上げてきたが、なかでも効果的であったと思われるのは、地域の子どもを育てる立場にある関係者が、一堂に会してそれぞれが持つ特徴を生かすことができる点である。特に効果が期待される事例は、一家庭が、幼稚園、保育所、小学校、中学校とそれぞれの機関と関係している場合や、虐待など学校内だけでは対応が難しい事例である。虐待の事例では、地域保健連絡会から抜け出して、児童相談所も交えて関係者が集まり検討することができた。メンバーはお互いに基本的なコミュニケーションが会を通してすでに取れているので、事例検討会をよりスムーズに進めることができると考える。

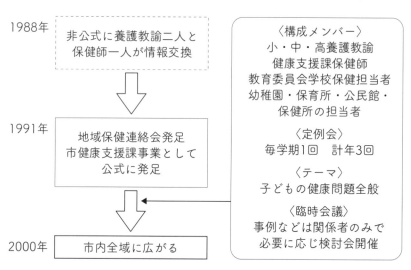

図1　地域保健連絡会の全体像

9　地域での事例検討会から紡ぎ出された協働

　ここで養護教諭が本会で初めて取り上げ、効果が見られた具体例について紹介したい。

事例）親の放任から怠学や万引き等がでている4人の姉弟

　4人姉弟を持つA家の両親は、子どもを養育していくうえで大きな問題を持っていると思われた。中学3年、中学1年、小学5年、幼稚園に子どもがいるが、給食費をはじめその他の集金はほとんど滞納していた。家庭に連絡してもなかなか連絡が取れず、運よく母に通じることがあってもらちが明かず、子どもにも怠学傾向や、万引き等の問題行動が出ていた。そこで中学校養護教諭が地域保健連絡会に事例を提案し、何とかこの家族に対してアプローチできないか話し合った。話し合いは定例会のみでなく、臨時会議が開かれることが受け入れられていった。この会議にこの家族に関係する施設の職種が集まり、メンバー以外の小学校の校長と中学校の担任も加わった。話し合いの結果、幼稚園は比較的親との連絡が取りやすく、親が迎えに来たチャンスを捉え、家族の状況を把握することになった。保健師は予防接種を切り口として、健康面からアプローチすることになった。小学校は幼稚園と共に、校長、担任、養護教諭が参加し、子どもへの養育態度について親と話し合った。中学校では家庭訪問を繰り返し、中学3年の長女が修学旅行に参加できるよう働きかけた。それぞれの立場の者が、自分たちにできることから家族に関わりを持ったところ、親の態度に変化が見られていった。それと同時に、子どもにも少しずつ変化が見られ、欠席は多いものの以前の半分にまで改善がみられた。子どもが登校すれば子どもと関わりが持てるため、担任や養護教諭、心の相談員が親身になって対応したところ、表情にも明るさが戻ってきたのである。

以上、決して一つの学校だけではできない対応ができ、地域での協働の大切さを感じることができた。

10　今後の会の展望は地域保健にできることを模索すること

　1991年に発足した地域保健連絡会は9年後の2000年には市内全域に広がりを見せ、どの中学校区でもこの会は開かれるようになった。発足当時は関係機関も限られていたが、必要に応じ参加者も増え、まさに地域での活動に発展してきた。現在、虐待等については学校と保健師との連携は当たり前のようなっていて、本会の目的とするところに達している。

　今後、更に発展させていくには、各自が主体性を持って参加する必要がある。本会の意義を捉えることなく、単に出張文書が出たので参加するという態度で臨めば、たちまちマンネリ化し、会の意義を見出すことができなくなってしまう。どのような健康問題を提起したらより効果が発揮できるのか探り、更に問題解決には具体的に何をすべきかの検討をし、実行し、評価していく。地域保健でなければできないことを参加者自身がより模索していく努力が必要である。

11　子どもの生涯を見通す視点を持ちつつ事例検討を

　子どもを捉えるとき、学校や幼稚園、保育所という場を中心とした空間的、水平的次元と、どのような成育歴を辿って来たかという時系列ないし垂直的次元で捉える捉え方がある（図2）。

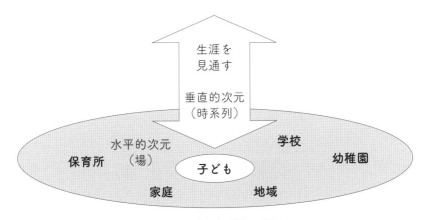

図2　子どもを捉える視点

　子どもが学校にいる生活時間は1日のうちの3分の1に過ぎない。子どもの行動や、考え方、感じ方の多くは生活の基盤である家庭や地域の諸要因と深く関わっている。したがって子どもの健康問題を解決していくには、家庭や地域は切っても切れない関係にあるということや、子どもは発育・発達途上にあることを常に考え、子どもの生涯を見通す視点を常に持ちたい。

（出原嘉代子・亀崎路子）

文献

1) 亀崎路子・出原嘉代子・横山まや（2009）：養護教諭の地域におけるネットワークづくりの特徴——ある養護教諭の実践を通して——，日本養護教諭教育学会誌，12（1），51-64
2) 出原嘉代子（2018）：地域の中で子どもを育てる養護教諭のネットワークづくりと健康相談，学校健康相談研究，15（1），14-20

6 ぶどうの会
――向上心を支える研究会――

1 きっかけは先輩養護教諭の思いを奮い立たせた講師の言葉

　社会環境や生活様式の急激な変化によって、児童生徒の心身の健康が大きく影響され、いじめ・不登校・性の逸脱行動・事件や事故、災害発生時の心のケアなど、私たち養護教諭が抱える健康課題は山積している。そのようななか、養護教諭が健康相談を行う能力の充実が求められる場面が増えてきた。一方で対応に行き詰まっても相談する相手が見つからず、一人で抱え込んでしまうことも少なくない。養護教諭の新たな役割（平成9年保体審答申）が示されたものの、学校でのポジションもまだまだ理解されていないことも多く、自分の困り感を分かってくれる同僚がいないのではないかという孤独感や孤立感さえ感じるようになっていた。

　そんなとき、「私たち、もっと力をつけなきゃ」「手弁当でもいいから養護教諭同志集まって勉強しよう」「養護教諭として、もっと勉強しなきゃいけない」「養護教諭の資質を高めたい」そんな強い思いを持っていた先輩養護教諭が、2002年山梨県教育委員会主催の教育相談研修会の折、講師の森田光子先生に「養護教諭の資質が高まるためにはなにをしたらよいのですか」と質問した。森田先生は「それは事例研究です」とおっしゃったそうである。その言葉がきっかけとなり、先輩養護教諭が有志を集め、2003年に山梨県健康相談事例研究会「ぶどうの会」を発足した。

2　会のコンセプトは帰るときには明るい顔になっていること

　事例検討会は、事例を提供してくださった先生が、「提供してよかった。明日から頑張ろう」と思えるような会となることを心掛けている。ベテランの養護教諭が多いことから、ともすれば押し付けになっていないか心配しつつ、「帰るときには明るい顔になっている」ことを目指している。

　そのため、オフィシャルな部分だけでなく養護教諭同志の結びつき、仲間づくりを大切に考えている。新型コロナウイルス感染症の影響でしばらくは中止になっているが、毎年クリスマス会を行い、親睦を深めてきた。また、2013年には「ぶどうの会10周年記念」、2017年には「森田先生の米寿を祝う会」を開くことができた。養護教諭を退職し会を離れた○Bの方々にも参集していただき、盛大に会を催すことができ仲間通しの結びつきを確認し合うことができた。

3　構成メンバーは切れ目のない支援をするための全校種の養護教諭

　小学校・中学校・高等学校・特別支援学校には養護教諭が配置されているにもかかわらず、合同の自主研究会が県内のどこにもなかった。小学校・中学校・高等学校と切れ目のない支援をしていくためにも、異校種間で連携していくことの重要性を感じていた。このことから、メンバーは、全校種の養護教諭15名（内訳は、経験年数20年以上の現職養護教諭13名と経験年数10年未満の現職養護教諭2名）で構成した。スーパーバイザーには多摩相談活動研究所の森田光子先生をお迎えしてスタートした。当初15名だった会員も、10年目には27名になり、団塊の世代が退職した現在15名の会員で構成されている。

6　ぶどうの会　77

4　事例検討会の開催方法

　発足当初は、年間 6 回（隔月）と夏休みに宿泊研修を実施してきたが、2006 年より、年間 12 回（毎月 1 回土曜日の午後）1 回 4 時間の定例会を県内の公共施設や研修施設を利用して開催している。

　新型コロナウイルス感染症の影響で開催できなかったときを経て、2023 年度より隔月で年 6 回開催している。会場も使い勝手が良い 1 か所で行っている。

第 3 回のふどうの会の連絡をさせていただきます。

日時：　月　日（土）13：30 〜
場所：○○○会議室 B

今週末（○日）までに、出欠席のご連絡をお願いいたします。
事例は○○小の○○先生が、出していただけるということで、お願いしてあります。
○○先生、よろしくお願いします。

お忙しいなかとは思いますが、出欠のご返信をよろしくお願いいたします。

図 1　メールによる開催要項（例）

5　参加者はどのようなことをきっかけに会に参加しているか

　対応に困っている養護教諭に会員が声をかけることが多い。また、年齢構成なども考慮し、若い先生に声をかけるなどして一定数の会員を維持できるような声掛けをしている。

6 事例は事例提供者の意図で書く

　事例の書き方については、スーパーバイザーの森田先生からご指導いただき、統一していた時期もあるが、事例によって必要な情報が違うことから、今では、事例提供者の意図で書くようにしている。基本的には、表1の通り、①タイトル（内容がわかるタイトル）②主訴　③学校の概要　④出席状況・学習状況　⑤家族構成・家庭環境　⑥事例の経過　⑦養護教諭の見立て　⑧困っていること・協議してほしいことなどについて書くようにしている。事例提供者の工夫の一つとして、出席状況を、月ごとの欠席、遅刻・早退、来室数を表にして提案したケースがあり、見立てのためにとても参考になったことがある。

表1　事例シートの概要

①タイトル（内容がわかるタイトル）
②主訴
③学校の概要
④出席状況・学習状況
⑤家族構成・家庭環境
⑥事例の経過
⑦養護教諭の見立て
⑧困っていること・協議してほしいこと

7 困っていることに寄り添いアイディアを出し合い方策を学ぶ場

　1回に2事例行っている。1事例の検討に費やす時間が1時間30分程度。司会は参加者のなかから一人決める。事例提供者は紙面で提案し、それについて検討を行う。参加者は事例提供者が困っていることに寄り添い、いろいろな経験や知識のなかから自由にアイデアを出し合う。例えば「同じような事例があった。ケース会議を開いてこんなふ

6　ぶどうの会　79

うに対応した」「授業保障のため ICT を活用した」「こんな場面で、ス
クールカウンセラーやスクールソーシャルワーカーを活用した」などで
ある。最後に、スーパーバイザーの森田先生から事例の捉え方や解決に
向かう方策についてアドバイスをいただく。

　事例検討と事例検討の間には休憩を取り、お茶やお菓子を食べながら
それぞれ思い思いに情報交換している。この情報交換も学びが多く、ぶ
どうの会の魅力の一つでもある。会の最後に、次回の事例提供者を決め
ておく。出ない時には、後日、個々に当たることもある。

8　会が長く続く理由の一つにスーパーバイザーの存在がある

　ぶどうの会に出席する理由や、この会が長く続いていることの理由に
ついて会員にアンケートを実施したところ、スーパーバイザー（森田先
生）に関することが以下のように記述されていた[1]。

　・的確な助言をいただける
　・自分の考えを深めることができる
　・新しい情報が得られる
　・情報の update ができる
　・力や励ましをもらえる
　・自分の視野を広げられる

　このことから、スーパーバイザーの存在がぶどうの会にとって、とて
も大きいことがわかった。
　筆者自身も、心に残っている森田先生の言葉はたくさんある。そのな
かで、自分が事例提供者になったときのことだが、「聞きすぎると、症
状を悪化させることになります」ということを根拠とともに話されたこ

とがあり、ハッとしたのをよく覚えている。聞くことが相談だと思い込んでいた自分に気づくことができたからである。事例検討会に事例を提供して、森田先生からアドバイスを受けなかったら、子どもの状況を間違って見立てて対応していたかもしれない。

　森田先生はスーパーバイズだけでなく、先生が参加された研修会で得られた情報の還流や本の紹介なども必ずしてくださった。だからこそ、「新しい情報が得られる」とか「視野を広げられる」といった意見が出されたのだろう。

9　気づき、心に通じるものを得て踏み出せるのが事例検討会の魅力

　事例提供者は会員の質問や意見を聞いているうちに「そこの捉えができてなかったな」と自分自身で気づきが持てることが、この会に参加する意義の一つでもある。また、このような気づきは、自分に自信が持てなくなる場面でもある。しかし、参加者が提供された事例を自分のこととして捉え、事例提供者に伴走している気持ちからにじみ出る言葉には、心に通じるものがある。最後に、森田先生にスーパーバイズしていただいたことで、出された意見や考えにバックボーンができ、参加者全員に大きな力をいただくことができた。事例提供者も出された意見を基に「なぜそう考えたのか」という理由について話すことができ、自信を持って次の一歩を踏み出せる。このことを得られるのが事例検討会の魅力である。

10　世代交代を乗り越えて会を存続するために知恵を出し合うとき

　新型コロナウイルス感染症に対応する必要のある状況から「日常」が戻ってきた今、事例検討会を以前のように戻せるのか。新しいスタイルに変えていくのか。会員の入れ替わりもあり、世代交代がうまくいくよ

うにするためにはどうあるべきなのか、考えていく必要がある。20年
続いてきた会を存続させていくために、知恵を出し合っていこうと相談
しているところである。

11　おわりに

「もうあなたたちは自分たちで事例検討会ができるわよ」と口癖のよ
うにおっしゃっていた森田先生。ご高齢になられてから「行き帰りが心
配です」とお伝えしても「途中で倒れても本望です」などとおっしゃら
れ、ほとんど欠席することなく電車を乗り継いで山梨まで来てくださっ
た。「事例は命です」の言葉通り、事例の送信が遅れると「まだ来てい
ません」と催促されることもあった。新型コロナウイルス感染症がな
かったら、もっといろいろなことをご教示いただけたことだろう。

私たちにとっては決して真似することのできない、神様のような存在
だ。

ご逝去されてから、スーパーバイザーがいないなかで会を運営してい
る。森田先生がずっと心を寄せてくださり、一緒に山梨の健康相談の種
を育ててくださって、ここまで続いてきたことに深く感謝したい。

（小佐野登美子）

文献

1）小佐野登美子（2023）:「提供してよかった」と思えるファシリテート──
向上心を支える研究会──，学校健康相談研究，20①，10-13

7 山梨相談を学ぶ会
── 共に学び健康相談の力量を高め合う ──

1 会が発足したきっかけ

　2004年10月2日午後、甲府市の中学校で第1回の勉強会を開催した。本会は、発起人の二人が東京へ養護教諭の相談を学ぶ会に自主参加をしていたが、山梨にも相談を学ぶ会を作りたいと考え、その熱い思いから発足にいたった。当初は、会の趣旨に賛同した小学校養護教諭11名、中学校養護教諭13名が参集し、森田光子先生にスーパーバイザーとしてご指導を頂いていた。進め方は、参加者からの質疑に事例提供者が応答し意見交換をする形であったが、学びを深め、意見を広げるために、ＫＪ法を用いるようになった。

2 会のコンセプト

　本会は、「共に学ぶ・健康相談の力量を高める・交流を深める」を理念に据え、事例検討会を通して実践知を紡いでいる。
　共に学ぶとは、他校種の事例を学ぶ、多職種の方々から学ぶ、スーパーバイザーから学ぶである。それは、協議することで、事例の問題の捉え方や見立てと支援方法を見直し、健康相談の引き出しが増えることである。学び合う環境で大切にしていることは、年齢・校種・地域が違う養護教諭が、多職種の方々と意見交換できるアットホームな雰囲気である。
　健康相談の力量が高まったと実感できるように、事例を提供し事例を検討するなかで、対応の再確認をしている。そして、協議することで、

物事が新しい視点で捉えられ、見えてくる新たな見立てと支援方法を共通認識することを大切にしている。また、他人の事例を検討するなかで、自身の事例と対比し「私もできている」ということを実感し自信に繋がったり、まだ経験していない事例からは、疑似体験することで自分の事例として今後に生かす視点がもらえたりと、多くの事を学ぶことができている。

　仲間との交流は、語ることで、通じ合う文化や価値観がある。また、多職種の方々との交流は、その方々の世界を知り新たな発見に気づかされる。この時間は、心が温かくなり前向きになれる時である。明日からまたがんばろうという活力になっている。

3　会の構成メンバー

　当初は、養護教諭が中心であった。その後、大学教員や学生が参加する会もあった。現在は、養護教諭と臨床心理士が主たるメンバーである。今年も大学職員や学生に声をかけた。4月から養護教諭になる学生が参加した。現在事務局員が4人。それぞれ地域の養護教諭に広報したり、会員が個人的に誘ったりしながら運営している。2023年度現在、メンバーは25人である。

4　事例検討会の開催頻度・開催日時・参加方法

　当初は年4回、1回に2事例を検討していた。2017年10月から、年間計画を立て（図1）、年4回（土曜日午後）、1回に1事例を検討している。年間計画を立てる際には、年度最後の会で会員に来年度の運営について意見を聞いている。また、会の終了後に、事務局で今年度の出席者や事例の検討を振り返り、良かった点は継続し改善が必要な点は意見交換し、改善している。年4回の開催で検討する事例は、小学校・

中学校・高校の各1本として、最終回はスクールカウンセラーの先生からの事例や今年度検討した事例のその後の報告等をすることとしている。

　事務局は、当初は2名であったが、担当の負担を減らす、世代交代を促す、引継ぎを進めるという意図もあり現在は4名である。4名の内、2名は森田先生の送迎を受け持っていたが、2019年から送迎に変わりスクールカウンセラーとの連絡調整役になった。事務局員の共通の役割は、会の企画と運営・地域の養護教諭に向けた会の広報である。会の企画と運営では、一人が会員へメールで開催通知等の情報提供・定例会の事例提供者、司会、記録者の確認・会計を担っている。もう一人は、会場の手配・感染防止対策物品の準備・茶菓子等の準備である。

　参加は、事務局からメールを配信し、希望を募っている。

　会の運営は会費制で、会費は会場費やスーパーバイザーの謝礼（交通費込み）、お茶菓子等に充てた。開催の知らせは、当初は事務局がはがきで通知していたが、現在はメールで配信している。

5　参加者はどのようなことをきっかけに会に参加しているか

　当初は、会員が今困っている・悩んでいる事例を提供し、それについて検討してほしいという思いで参加していた。その後、自分が勤務する地域の養護教諭から相談を受けたときや、経験年数の少ない養護教諭に参加を促す声かけをすることで、参加者が集まっている。

　また、事例検討会の休み時間に、自分が抱えている悩みや疑問に思っている事等の雑談から「次の事例検討会で検討してもらったらどう？」という仲間の言葉に背中を押されて事例を提供することもある。

7　山梨相談を学ぶ会　　85

２０２３年
山梨相談を学ぶ会　年間計画

今年の運営について

事務局にて決定

〇参加費　３００円/1回

参加費は、会場費とお茶菓子代です

繋がる～日本学校健康相談学会の情報を得ることができます（名誉役員森田光子先生）。また、過去には森田先生と会員が共同研究者として学会誌へ論文を発表しています。他にも、学会誌へ「コロナ禍でも事例検討会を継続している山梨相談を学ぶ会について」評議員（小澤）が紹介しています。

第１回　7月15日（土）

場所　甲府市総合市民会館　　第２会議室

事例検討（小学校）

13:30	事例検討会
14:00	↓
	↓
15:30	昨年度の事例ふりかえり
16:00	閉会

年間4回の事例検討会を予定しています。

第4回2月17日（土）

内容～スペシャル

第２回　10月14日（土）

場所　甲府市総合市民会館　　第２会議室

事例検討（中学校）

13:30	事例検討会
14:00	↓
15:30	↓
16:00	閉会

レポーター

募集中

第３回　12月2日（土）

場所　甲府市総合市民会館　　第２会議室

事例検討（高校）

13:30	事例検討会
14:00	↓
15:30	↓
16:00	閉会

レポーター

募集中

感染対策を行ないながら開催します。ご自身で検温・健康観察後、ご参加ください。

コロナの収束を祈りながら、先生方のお知恵を頂き実り多い会となるようご協力をお願いします。また、2020年から、スクールカウンセラーの先生方が参加しています。この会は、2004年に発足し今年10月で19周年を迎えます。養護教諭とSCの視点から、事例を通して学びを深め続けています。

事務局　紹介

| ○○○○（　中学校）
TEL　- -

○会の企画運営

○スクールカウンセラーとの
　連絡調整

○中巨摩会員広報

※歴代の資料を保管する | ◇◇◇◇（　高校）
TEL　- -

○会の企画運営

○高校会員広報 | ☆○☆○（　小学校）
TEL　- -

○会の企画運営

・会員へメールで情報提供

・定例会レポーター・司会・記録
　の確認

○会計

○峡南会員広報 | ☆○◇☆（　小学校）
TEL　- -

○会の企画運営

・会場手配

○感染防止対策物品準備

○茶菓子準備茶器等の保管

○中巨摩会員広報 |

記録について～記録者は、会議中の記録を拡大コピー紙と事例の資料に記入する。事務局は、事例検討会後に拡大コピー紙の写真を撮りA4に印刷し、事例と共に保管する。

図１　山梨相談を学ぶ会 2023 年度年間計画

6 事例の書き方

　略式ではあるが、事例検討用紙を提示している（表1）。だが、事例提供者が「何が問題なのか」混乱している場合や養護教諭が間接的に関わっている事例もあるため、提示した用紙を参考に事例提供者が変更をしても構わないことを共通認識にしている。また、タイトルは、その事例のもつ状況や課題を表している。このことから、事例を印象づけるインパクトのある表現を大事にしている。

表1　山梨相談を学ぶ会「事例シート」

```
                      「タイトル」
              ※タイトルに学年や性別を入れる
 1  事例の概要
 2  家庭環境
    ・家族関係・本人に対する家族の考えを含む
 3  本人について
    ・既往症　・健康状態　・性格　・特技　・友人関係
    ・欠席状況　・成績　等
 4  経過
    ・養護教諭との関わりを中心に時系列で作成する
    ・エピソード　等
 5  現在の見立て支援方針
 6  皆さんに検討してほしい事・皆さんから欲しいアドバイス
```

7 事例検討会当日の流れと役割分担

　当初は座談会形式で行っていた。2017年夏、森田先生のご紹介でカウンセリングを学ぶ会夏季研修会へ参加した。そこで学んだマトリックス表を使ったＫＪ法の考え方で、2017年10月の定例会から実践している。

ＫＪ法の考え方とは、事例理解と支援方法の選択を考えることである
と森田先生からご指導頂いた。例えば、①質問によって実態・問題を明
らかにする（養護教諭に向けて相談や援助の質問・校内体制や連携につ
いての質問）②課題は何か考える（解決したい問題点は何か考える）
③課題解決のために提案をすることである。

当日の流れは、表2にまとめた通りである。

表2　山梨相談を学ぶ会「事例検討の進め方」

はじめに	（事務局から） 1　簡単に自己紹介 2　タイムスケジュールの確認 3　事例検討の司会者と記録者の紹介 4　守秘義務についての確認
事例検討	（司会者から） 1　事例検討の方法について 2　事例提供者が事例の概要説明をする 3　質問を個々に付箋で記入する 4　付箋をマトリックス表（表3）に貼り出し、ＫＪ法で事例提供者が回答する→関連の質問があれば受け付ける。 5　意見や対応策について個々に付箋を記入する 　※事例提供者が検討してもらいたい内容にも焦点を当てて付箋に記入する 6　付箋をマトリックス表（表4）に貼り付け、事例提供者の意見を聞く→関連する意見があれば受け付ける
まとめ	1　スーパーバイザーからの助言や事例に関する新しい情報や知見を紹介 2　シェアタイム（一人ひとりから感想をもらう） 　※事例を共有し、動いた感情を吐き出すことにより心を整え、また明日への活力にする
おわりに	（事務局から） 5　連絡 ・次回の予定など

事例検討の記録者は、事例提供者が質問に答えた回答を表3の「回答」欄に記入する。次いで、事例提供者が発言した「学校で取り組みたいこと」「問題点や改善点と思ったこと」「参考になりそうな手立て」を表4の欄に記入する。

表3　質問のためのマトリックス表
（2023　山梨相談を学ぶ会）

事例提供者以外が、この事例に関しての「質問」を、
次の5つの視点で考えて付箋に書いてみましょう。

	本人・家族
1　学習面	
回答	
2　行動面	
回答	
3　対人関係 　（こだわり等）	
回答	
4　家族背景	
回答	
5　学校体制	
回答	
6　その他	
回答	

表4 提案・意見のためのマトリックス表
（2023 山梨相談を学ぶ会）

この事例に関しての「提案」を、次の3つの視点で考え、付箋に書きます。

1 成果や良かった点	
事例提供者が、学校で、今後取り組みたいこと	
2 問題点や改善すべき点	
事例提供者が問題点や改善点と思ったこと	
3 助言・手だて	
事例提供者が参考になりそうな手立て	

　参加者から、次の意見が出された。「付箋を使って質問や意見を出すことで、先生方の考えを知ることができる」、「情報もカテゴリー別になっているのでわかりやすい」、「座談会形式は事例の方向性が発言者に引っ張られてしまいがちだが、この方法だと参加者全員が発言でき事例検討の軸を見失うことなく進むことができる」。事例提供者は、「模造紙2枚になっているので、終了後学校へ持ち帰り校内で情報共有できる」、「また、自分たちが気づかなかった貴重な意見を頂き校内で活かせる」。好評であるため、今もこの形式で行っている。

8　スーパーバイザーの存在

　森田光子先生には、2004年から2019年まで、15年間JR特急かいじ号で山梨県まで来県して頂きスーパーバイザーとしてご指導をいただいた。先生の手提げバッグには、貴重な資料（お宝）が入っており、その資料は私たちへの土産の品としてありがたく頂いた。印象に残ってい

ることは、毎年全国規模で開催される日本児童青年精神医学会へ出向き、勉強されたことを私たちにも分かるように資料にまとめ、還流してくださったことである。発達障害が背景にある子どもたちの事例が多く検討された時期でもあり、専門医の見立てや治療方針、治療方法を知ることができ、職務に生かすことができた。先生は、さまざまな学会へ足を運び、得た知識や文献等から、その時の事例に合わせた内容を私たちに分かりやすい言葉で助言してくださった。この会に参加しないと得られない最新の知見であった。

　傘寿を過ぎても凛とした学ぶ姿勢や穏やかな物腰、また、時折、お話される私たち後輩への叱咤激励等、指導者としても、人生の先輩としても、森田光子先生の存在は私たちにとって「光」そのものであった。

　今は、スーパーバイザーをお願いしておらず、毎回参加している複数のスクールカウンセラーの先生方と意見交換をし、それぞれの専門性や立場を理解し、尊重した上でスーパーバイズし合っている状況である。ここに集まる養護教諭は、経験した、あるいは経験している自分の事例と照らし合わせながら事例検討会へ参加している。例えば、教室へ入れずに来室する子どもたちの対応で、保健室を居場所として提供すると同時に、社会性を養う教育的な関わりをしていることに気づく。子どもの自己肯定感を育てているという自信になり、明日への活力となる。スクールカウンセラーの質問や意見は、精神疾患や発達障害、いじめや家族背景等、私たちの視点とは、異なる視点から切り込んでくる。立場が違えば見方や解釈が異なることが、お互いを刺激し学びになっている。特に、スクールカウンセラーの先生方は、事例提供した養護教諭を労い、奮闘している私たちに勇気と安心感を与えてくれる。

9 事例を通して学ぶ、事例検討から学ぶこと

　事例検討会に参加することで、自分の問題の捉え方や対応の仕方を客観的に捉えることができる。「子どもの問題」が実は「自分が抱えている問題」であることに気づく場合もある。検討を進めると、自分がその子どもの言動や行動等をなぜ問題として捉えたのか、なぜそれにこだわったのか考えさせられる。それは、自分の価値観・教育観・子ども観・人間観・健康観の枠から外れているから「問題」にしたくなることに気づく。その先は、今まで見えなかった子どもの小さな変化やその子のリソースを発見することになる。また、事例提供者は協議することで、自らの対応に自信が持てるようになり、不安の解消が期待できる。その結果、子どもが必要とするきめ細かな支援の方法を見出すことができる、と森田先生は述べている[1]。

　また、2006年10月14日、山梨相談を学ぶ会で森田光子先生から「心の問題があると思われた身体不調の訴え」についての調査票が配られた。11月中に一人何枚でも良いから記入して12月の会で回収し、その後、この調査を元に「皆さんが、心の問題があると思われた身体不調を訴えた事例を論文にしてみるといいわね」という助言に、有志が賛同した。4年がかりでまとめる作業に取り組み、論文「養護教諭が心因による保健室来室者と判断した根拠と対応」を日本学校健康相談学会へ投稿した[2][3]。雪が降り積もる日も、ギラギラとした夏の太陽が照り付ける日も、山梨相談を学ぶ会を開催する日の午前中や休校日に集まり、検討を重ねて完成させた。

　このように、事例検討は、子どもが必要としている支援を見出すとともに、養護教諭としてのアイデンティティを確立したり、再確認したりする場となる。さらに、事例を提供したことでアセスメントや支援の視点の広がりを自身のなかで深められる。そして、日頃行っている相談や

支援を肯定されることで自信に繋がり心が安定する効果も期待できている。

10　今後の会の展望

「私の事例って、中学校あるあるなんですね」。ある日の事例検討会のシェアタイムで、小学校から中学校へ転任した3年目の養護教諭の感想である。シェアタイムでは、その時に検討された事例について、自分が経験したエピソードから感想を述べる場面がある。ベテラン養護教諭の感想を聞いて、経験年数の少ない養護教諭がほっとする場面が数多くある。また、一人職であり、専門職である養護教諭は、その職務の性質上一人で悩むことが多々ある。仲間と語り合い、アドバイスを貰うことで悩みを解決してくれる集まりが「山梨相談を学ぶ会」なのである。

本会は、健康相談を事例検討会で学び合うことを基本に、森田光子先生の教えやパワーを受け継ぎ、年齢や校種を超えた養護教諭と多職種の方々との繋がりを大切にしながら今後もこの会を継続していきたいと思っている。

課題として、忙しい日々であることから、休日に学びに来る養護教諭が少なくなったと感じている。事例検討会の良さを広げる手立てを模索している。新型コロナウイルス感染症が2023年5月に感染症5類に引き下がった。ここまで継続できた本会の足跡と今後の会の継続の為に、今までの記録をどのようにまとめていくのかが今後の課題である。

11　その他

山梨相談を学ぶ会で学び20年が過ぎようとしている。現任校へ赴任して5年。校務分掌では、教育相談担当及び特別支援コーディネーターを兼ねている。本校は、特別支援教育校内委員会と不登校対策委員

会を一つに精選し「校内支援委員会」としている。定例会が年3回あり、1回目は夏休みに位置付け各学年で検討してほしい生徒を1名挙げ、個別支援計画シートに沿って学年グループで検討する。検討後は、発表し各学年のケースを全職員で共有している。その後、スクールカウンセラーが講師を務めたミニ学習会で学びを深めている。今までのミニ学習会の題名は、「トラウマの理解」「不登校の子の気持ちを考える」「愛着の理解を深める」「ヤングケアラーの理解」である。その時、検討する生徒に焦点をあてた題名である。また、2回目は11月頃に定例会を開催し、1回目に検討した生徒の様子や短期目標・支援方針等を同じグループで振り返る。個別支援計画ふりかえりシートを使用する。個別支援計画シートや個別支援計画ふりかえりシートは、筆者のオリジナルである（図2、図3）。

○事業例

個別支援計画シート

タイトル　例「本来の自分と向き合い集団行動が困難になった生徒への支援」

実施日　　令和　年　月　日（　）
次回予定　令和　年　月　日（　）
参加者　本校職員　本校職員（　　　　　）

苦戦していること・気になること　（　　　　　　）

		学習面 ＊学習状況 ＊学習スタイル ＊学力	心理・社会面 ＊情緒面 ＊人間関係 ＊ストレス対処	進路面 ＊得意な事や趣味 ＊進路希望 ＊将来の夢や計画 ＊進路希望	健康面 ＊健康状況 ＊身体面の様子
情報のまとめ	(A) 青のフセン いいところ 子どもの自助資源				
	(B) 青のフセン 気になるところ 支援が必要なところ				
	(C) ピンクのフセン してみたいこと 今まで行った・今行っていること				
方針	短期目標 支援方針 短期目標～支援方針　記入	1	2		
支援・指導（案）	(D) ピンクのフセン これから何を行うか　記入				
	(E) 記入 誰が行うか				
	(F) 記入 いつから いつまで行うか				

図2　個別支援計画シート

チーム1	個別支援計画ふりかえりシート	実施日:令和 年 月 日( )

○○○○○○○○に関する支援　No.2

参加者:

苦戦していること・気になること(　　　　　　　　　　　　　　　　　　　　　　)

		学習面 ＊学習状況 ＊学習スタイル ＊学力	心理・社会面 ＊情緒面 ＊人間関係 ＊ストレス対処	進路面 ＊得意な事や 趣味・将来の 夢や計画 ＊進路希望	健康面 ＊健康状況 ＊身体面の様子
情報のまとめ	(A)(黄フセン) 取組んだこと 取組んでいること				
	(B)(ピンクフセン) うまくいった事 うまくいっている事				
	(C)(青フセン) 難しいこと				
方針	短期目標 支援方針	短期目標~ 支援方針~			
支援・指導(案)	(D) これから何を行うか				
	(E) 誰が行うか				
	(F) いつから いつまで行うか				

○このケースから学んだこと:
○今後に活かせそうな事例:

図3　個別支援計画に対応したふりかえりシート

このように、山梨相談を学ぶ会で学び続けた内容を、本校に合わせた形態にバージョンアップさせている。

（小澤洋美）

文献

1) 大谷尚子・鈴木美智子・森田光子（2016）：新版　養護教諭の行う健康相談，東山書房，147
2) 永井利枝・青嶋昌子・有野久美・小澤洋美・志賀恵子・土屋律子・平賀恵美・望月志保美・森田光子（2010）：養護教諭が心因による保健室来室者と判断した根拠と対応，学校健康相談研究，6②，2-13
3) 森田光子（2010）：養護教諭の健康相談ハンドブック，東山書房，36-39

くびき野養護実践研究会
――研究会で行ったくびき野式事例検討法の開発――

1 発足は実践知を後進の育成に生かしたいとの思いから

　2011年4月に上越教育大学大学院の修了生である現職養護教諭、元養護教諭及び同大学院の講師が呼びかけ人となり、くびき野養護実践研究会が発足した。くびき野とは本会が発足した地域の高田平野（頸城野）を指す。養護教諭の大量退職時代を迎えるに当たって、これまで培ってきた養護教諭の実践知をまとめ、後進の育成に貢献したいとの思いが強くあった。また、学校に一人という場合が多い養護教諭が集まり、横のつながりを深めたいという意図もあった。

　また、この地域では以前に精神科医と心理士主催で自主的な事例検討会が定期的に持たれ、多くの養護教諭が参加し、有意義な学びを得ていた。主催者の異動に伴いこの事例検討会は閉会したが、参加していた多くの養護教諭は同様の場を求めていたという背景もあった。

2 コンセプトは養護実践の研究と発展に寄与すること

　本会の会則では、「養護実践に関する研究とその発展に寄与することを目的とする」と記している。日々の養護実践に根差した研究を行うことで、少しでも養護実践や養護教諭に関わる研究の発展に貢献したいとの思いが込められている。会発足時の中心メンバーは、長期に渡り養護実践を重ねてきたベテランが多く、自らの実践知を次の世代につなぐことも意図していた。実践知をまとめる上では、「専門職として自身が行った行為の根拠を他者に示せること」を重視している。また、いわゆ

る研究だけでなく、一人配置が多い養護教諭同士が情報交換や相談を自由に行い、支えあう機会とすることも大切にしている。

3　構成メンバーはくびき野地区の現在・過去・未来の養護教諭

　会の名称にもあるように新潟県上越地区（くびき野）の現職養護教諭、元養護教諭、養護教諭を目指す学生を中心に構成されている。会則に基づき、年間 1,000 円の会費を徴収する。

4　養護実践研究会における事例検討会の開催

　元々本会は必ずしも事例検討会に特化した会ではない。まずできることから取り組もうと考え、参加者の準備負担が少ないインシデントプロセス法を基調とした事例検討会からスタートした。

　会の開催は、年 5 回、土曜日の午後に大学や地域の会議室等で行っている。当初から参加している会員には、次回の日時を当日及び事前の案内でお知らせし、各会員は未加入の養護教諭に参加の声掛けを行っている。

5　参加のきっかけは従前の意義ある事例検討会への参加経験

　先にも述べたが、当初からの参加者は以前行われていた事例検討会が大変有意義であったことが参加のきっかけになっている。

　ある程度事例検討会を経験した後は、会員自身が養護教諭の研修会の折に本会独自の「くびき野式事例検討法」により事例検討会を進めるなどしたことで、会や事例検討に興味をもった人も少なくない。

6　くびき野式事例検討法の考案

　事例検討会を重ねるうちに、養護教諭の健康相談についての事例検討

を行う際の方法やアイテム等をまとめ、提示することができるのではないかと考えた。定期研修以外にプロジェクトチームを立ち上げ、本会独自の「くびき野式事例検討法」の作成を行った。

以下、「くびき野式事例検討法」について紹介する。

【目的】

くびき野式事例検討法では、「子どもたちの成長を図るよりよい養護実践について検討していくこと」、また「参加者それぞれの問題解決能力や実践力の向上」を目的としている。

【インシデントプロセス法とは】

本方法は、事例検討法の一つであるインシデントプロセス法を基調としている。インシデントプロセス法では、事例提供者より示された短い印象的な「できごと」を基に、参加者が質問をすることによって事例の概要・全体像を明らかにし、問題点や解決策を考えていく。

【メリット・留意点】

本方法のメリットとしては、①事例提供者だけでなく全員参加の会となる、②事例提供者の負担が少ない、③忙しい学校現場でも短時間で行える、④その後の実践活動に結び付きやすい、⑤事例提供者への批判的意見が出にくく、事例提供者は多くのアイデアをもらうことができる、などが挙げられる。

一方、必ずしも専門家からの意見やアドバイスがもらえるわけではないため、内容によっては表面的な理解に留まったり、当事者よりも支援者側のニーズを優先した対応が出されたりする場合もある点には注意が必要である。

【実施方法・流れ】

くびき野式事例検討法は以下のような流れで行う。なお、時間はおお

よその目安である。

①事例の説明（5分）

　事例提供者より、短時間で「できごと」や基本情報などについて説明する。参加者は、得た情報や質問等をメモしながら聞く。その際、表1のような検討事例記録用紙を使用する。

②事実・情報の収集（質問と応答）（20分）

　事例の理解と対応策を考えるために必要な情報を得られるよう、一問一答で順番に質疑応答を行う。事例提供者は、質問にのみ回答する。回答で得た情報は各自、表1に記入していく。

③協議（40分）

　A．「子ども」を中心に「子どもの気持ち」「家庭」「成育歴」「学級・友人・教師」「保健室・養護教諭」等のラベルを掲示した黒板に、対象児童生徒の状況を板書し、全体像を確認・共有する。この際、表現されている子どもの発言や行動だけでなく、特にその奥にある子どもの願い等「子どもの気持ち」に着目し、対応・支援の方向性を全員で確認する。

　B．解決する問題は何か、問題を特定する。

　C．個人で具体的な対応策を考え、付箋に記入していく。

　D．表2、表3の養護実践マトリックスに付箋を貼り付けながら対応策を出し合い、グループでまとめ発表する。

　E．事例提供者より実際の対応とその後の経過を発表する。

④まとめと成果の確認（5分）

　参加者及び事例提供者からの感想などを分かち合う。

8　くびき野養護実践研究会　101

表1　検討事例記録用紙

対象児童生徒		（　　　年　　月　　　日現在） 小・中・高　　　年　　男・女	
1　問題の概要（問題の始まりと経過）			
2 プロフィール	本人に関する情報	身体状況	
		欠席状況	
		保健室の利用状況	
		知能・学業の状況、授業の様子	
		進路希望	
		性格、特性、情緒面（気持ち、気になる言葉）	
		その他	
	成育歴	乳幼児期・小中学校での様子（親、教師、友人との関係）	
	家庭生活	家族構成（職業）	
		家庭の様子、家族との関係	
		親の養育態度、問題への対応	
	学校生活	友人・交友関係	
		休み時間、給食の様子	
		諸活動	
		学級の雰囲気、教師との関係	
3　養護教諭の対応・指導の経過			
4　現在うまくいっていること、最近あった良いこと			

表2　養護実践マトリックス（養護教諭の児童生徒への直接的対応）

①児童生徒にとっての対応の根拠　②養護教諭自身の対応の根拠

コアカテゴリ	サブカテゴリ		対応の根拠	対応策
見守る・保護する	居場所をつくる	①	気持ちを落ち着かせ、安心して心と体を休めることができる。	
		②	児童生徒が心地よいと感じる場で本音を引き出し、信頼関係を深め、状況にあった支援ができる。	
	本人の状況を確認する	①	自分の気持ちを話すことで、受容されていると感じ、安心できる。	
		②	心身の状況や困り感等を把握することにより、次の手立ての糸口がつかめる。	
	信頼関係を作る	①	受け入れられていると感じ、本音が言える。	
		②	本音を聴くことができれば子どもの理解が深まり、そのなかから解決策が見えてくる。	
苦痛に対し安寧を与える	身体症状への対応	①	症状の緩和を実感することで安心し、リラックスできる。	
		②	身体症状の緩和により、安心感を持たせ、信頼関係を深めることができる。	
導く・育む	自己理解を深める	①	自分の気持ちに気づき整理することで、自分を客観的に見ることができるようになる。	
		②	児童生徒に寄り添って受け入れることで、不安や症状の原因を共に考えていくことができる。	
	先の見通しをもたせる	①	不安に思っていることに見通しをもつことで、不安が和らぎ、前向きな気持ちになる。	
		②	今、抱えている不安を軽減させ、前向きな気持ちで課題について一緒に考えることができる。	
	ルールをつくる	①	自分の行動について適切な判断ができるようになる。	
		②	保健室の機能を守るとともに、児童生徒に自分の行動について適切な判断力を身に付けさせる。	
	自己決定を促す	①	自己決定を通して、問題を自分で乗り越えていく力が身に付き、自信が持てるようになる。	
		②	児童生徒が自己の問題を見極め、解決していく力をつけさせる。	
	保健指導	①	健康な体づくりのために、心身の仕組みを理解し、自分自身を大切に思うことができる。	
		②	養護教諭の専門性を生かし、心身の仕組みを理解させることで、健康な体づくりの大切さを伝えることができる。	
	本人の頑張りを認める	①	安心感及び自己有用感をもつことができる。	
		②	信頼関係を築くことができ、児童生徒の自己受容につなげることができる。	

8　くびき野養護実践研究会

表3 養護実践マトリックス（連携行為による対応）

①児童生徒にとっての対応の根拠　②養護教諭自身の対応の根拠

コアカテゴリ	サブカテゴリ		対応の根拠	対応策
学校内	情報の収集・提供・共有	①	自分自身の行動及び気持ちを理解してもらえる。	
		②	児童生徒の理解が深まり、課題を明確にすることができる。	
	チームでの組織的対応・役割分担	①	学校や家庭で役割分担をして支援を受けることにより、安心感が得られ問題解決につながる。	
		②	役割を明確にし、職種の特性を生かすことにより、児童生徒の実態に即した対応ができる。	
	本人と担任との関係を促進・調整	①	担任から理解され、安心感が得られるとともに、クラスでの活動を通して、達成感や所属感が高まる。	
		②	担任と児童生徒の信頼関係が深まり、支援及び問題解決につながる。	
	学習保障	①	学習に対する不安が軽減され、学習意欲につながる。	
		②	学習への不安を軽減させ、学習意欲を向上させる。	
	物理的・人的環境づくり	①	関わる人が増え、安心できる場所を得ることにより、自己肯定感が高まったり、不安を減らしたりすることができる。	
		②	対応する適当な場所と人を調整（確保）することにより、効果的な支援に繋ぐことができる。	
	対人関係の拡大	①	多くの人とのかかわりのなかから、人間関係作りのスキルを高めることができる。	
		②	養護教諭としての役割を果たすことができ、校内体制での支援が可能になる。	
保護者	保護者への支援	①	保護者の不安や負担が軽減することによって、不安を軽減することができる。	
		②	養護教諭の専門性を生かし、親の不安や負担を軽減することができる。	
	情報収集・共有	①	学校職員と保護者が情報を交換することで一致した対応をしてもらえる。	
		②	家族の思いを受け止め、専門的な立場から助言をすることにより、適切な支援ができる。	
学校外	専門的対応の促進	①	専門的な診断や治療（支援）を受けることにより心身の状態の理解が深まり、抱える課題の解決につながる。	
		②	学校の情報を提供しながら専門家の治療方針や診断・知見を、効果的な対応に活かすことができる。	

7 当初、スーパーバイザーはベテラン養護教諭

本会では、当初特にスーパーバイザーは置いていなかったが、会員にはベテラン養護教諭も少なくなかったことから、充実した検討会を持つことができていた。しかし、会を重ねる内に「本当に見立てや対応策が妥当なのか分からない」という課題も浮かび上がってきた。運よく、会員の勤務校のスクールカウンセラーであった臨床心理学を専門とする大学教員が顧問（スーパーバイザー）として関わって下さることとなり、可能な時には検討会に参加してもらえることになった。スーパーバイザーは本会での実施方法を尊重しながらも、臨床心理学的視点から見立てや対応について助言を下さり、更に充実した会となってきた。

8 インシデントプロセス法を基調にした事例検討会による成果

まず、本会で実施しているくびき野式事例検討法による成果が挙げられる。本方法は、インシデントプロセス法を基調としているため、事例提供者は少ない負担で多くの気づきや対応へのヒントが得られる。加えて、参加者から多様な意見や対応策が出され、事例提供者のみならず参加者は今後の実践に活かせるようなヒントを得ることができる。

また、事例検討会を行うことが養護教諭としての活動のエネルギーになり、ひいては養護実践の力量形成に役立つと考えられる。更に、受容的な場で互いに真剣に考え、支え合うという経験が養護教諭同士の絆をより深めることも実感している。

9 今後は事例検討会の経験者による再開に期待

10年以上続いてきた本会だが、新型コロナウイルス感染症の影響と中心メンバーの退職や転勤等が重なり、令和5年度末で閉会の運びとなった。しかし、本会の発足と同様に、時々のニーズに沿って研究会の

意義を思い起こし再び活発な活動がなされることを期待している。

(角田智恵美)

養護実践研究サークル　金沢
―能動的な研修をしたい―

1　会が発足したきっかけは……

「養護教諭同士で学べる場がほしい」
「講演や講義を聴くだけの学びではなく、自分たちのやっていることを表現し、お互いに切磋琢磨し合う学びがしたい」

　そういった養護教諭仲間の声が私に寄せられた。私自身「養護教諭として日々の営みを分かち合って、みんなで高め合えたらいいなあ」そんな気持ちもあった。養護教諭人生も終盤になり、『養護』って何だろうという根源的な迷いも生じていた。何かを始め、続けることはエネルギーがいるが、養護教諭の自主的な研修のお手伝いをしていくことは、これまでのご恩を社会へ返していく使命を果たすことの一つではないかとも考えた。2016年2月に金沢市の小・中学校の養護教諭の集まりにお知らせを配布し、参加を募り、3月に会を立ち上げた。最初は事例検討会をしようというつもりはなく、私自身の実践を研究としてまとめよう、そして仲間の実践をまとめるお手伝いができればいいというつもりだった。会の名称は、思いをそのまま言葉で表現した「養護実践研究サークル」とした。
　最初は、私と大学院の研究室が同じだった仲間と、月に1回集まって地道に研究をしていこうと考えていたが、最初の会に6名の養護教諭が集まった。そこで、それぞれの困りごとを出し合い、どんな学びの

時間にしていったらよいかを話し合ったところ、教室に行かれない子ども
や保健室によく来る子どもの対応に困っていることがわかった[1]。そ
れがこの会で事例検討を始めるきっかけである。

2　会のコンセプトは実践に生かすためのアウトプットを伴う学び

アウトプットを伴った学びを行うことが目的である。学びは、講義や
講演を聴いてわかったつもりになるのではなく、実践にどれだけ生かす
ことができているかが問われると考える。サークルの場で語ることで、
実践の言語化を目指している。文字にしてまとめるところまで目指した
いところであるが、そこまで求めると参加者が減ってしまうことを危惧
している。

養護教諭の多くは、職場に同じ職種の人はいない。自分の仕事を真に
理解してくれる仲間を日常に求めることは難しい。職場の仲間とはい
え、他の教師は多くの子どもたちを一斉に教える授業を主な生業にして
いる。養護教諭は個別の対応が主な生業であり、子どもをよくしたいと
いう願いは同じであっても、他の教師とアプローチは異なる。他の教師
との関係の取り方も難しい。養護教諭ならではの悩みや困りごとを話
し、勇気づけることもこの会の目的の大きな一つである。気軽に参加で
きる敷居の低い学びの会を目指している。

3　会の構成メンバーは市内近郊の養護教諭

金沢市内または近郊に勤める養護教諭で構成している。2016 年 3 月
と 2019 年 9 月に、金沢市内の養護教諭にお知らせを出して参加を呼び
かけた。

4 事例検討会の開催方法

2016年3月以降、月に1回土曜の午後に開催している。4月と8月はお休み月としている。2016年から2019年は私の勤務校で開催していたが、新型コロナウイルス感染症の蔓延により、会場として借りられなくなった。そこで金沢市の教育的活動拠点の施設である教育プラザに、教育的活動助成団体の申請を行い、無料で会場を借りて活動を行っている。その会場が借りられないときは、石川県立図書館や金沢ものづくり会館などの公共の場所を有料で借り、会員から会費を徴収している。

時間は13時から16時30分の3時間半である。毎月の活動記録とともに、3か月程度先までの案内を記載する告知のメールを、1週間前にSNSで送っている。いつも参加しているメンバーは、参加できない場合は欠席の連絡を送ってくる。2019年頃は毎回15人程度の参加者であったが、近年は毎回5人～7人程度である。

5 参加者はどのようなことをきっかけに会に参加しているか

最初は学びたい意欲がある数名が集まった。その後、メンバーが養護教諭同士の集まりで、困っているという相談があった場合、「サークルで相談してみない。」と声をかけ、会に参加するメンバーが増えていった。2019年11月に大谷尚子氏を招いての学習会と事例検討を企画した際には、金沢市内の養護教諭に広く案内を配布した。そのときにメンバーが増えた。参加すると明日からの仕事のヒントが得られたり、勇気づけられたりすることが参加のモチベーションになっているという。

6 事例の書き方は事例検討する場面や目的などの形態に応じて

2016年から2018年は、心理やカウンセリングの領域でよく使われ

ているものをまねた一般的な事例検討と、私の大学院での指導教授だっ
た木村留美子氏から指導を受けた日常の対話場面を切り取った事例検討
（表1：対人関係分析レコード）[2]、そして、ホワイトボードを使った解
決志向の短時間での事例検討の3つの形態で行っていた[3]。

　2019年9月以降は、特に事例を書いて持参することは求めず、口頭
での事例報告を行い、記録者がホワイトボードでまとめる方法を行って
いる。記録はホワイトボードを写真に撮り、参加者の振り返りや感想を
つけている。

表1　日常の対応場面をきりとった事例検討（一例）

対人関係分析レコード　　　年　　月　　日（　　　曜日）
記載者（　　　　　　　　　　　　　　）

子どもの背景（分析に必要な情報のすべて） 年齢（　　学年）			プロセスを起こした場面の状況
			プロセスを起こした意図 （なぜこの場面を取り上げよう と思ったのか）
子どもの言動	そのときの自分の 感情・思考・意図	自分自身の言動	それぞれのやりとり や一連の流れに対す る結果や反応の評価

7 事例検討会当日の流れは参加者の近況から

　当日の流れは、表2の通りである。会の始めの30分をウォーミングアップの時間にあて、参加者全員から近況を伺っている。そのなかで困っている参加者が「事例を検討してほしい」と申し出ることが多い。講義を行うかどうかについては、きていただくスーパーバイザーによって異なる。メンバーに健康相談に関するこだわりや考え、組織作りなどそれぞれの思いを発表していただく試みも行っている。

　2019年9月以降、応用行動分析に詳しい講師をスーパーバイザーとして招き、応用行動分析の学びを続けている。講義のない場合は、事例検討を2本実施する場合もある。

表2　事例検討会当日の流れ

ウォーミングアップ 13：00 ～ 13：30	1　近況報告＋自己紹介（初めての参加者がいる場合） 2　タイムスケジュールの確認
講義または 参加者の発表 13：30 ～ 14：30	3　講義
事例検討 14：45 ～ 16：00	4　事例概要の説明（事例提供者） 5　質疑（事例概要の説明を聞いて、子ども理解を深めるための質問） 6　問題の焦点化、課題分析および目標設定 7　今後何ができるかの検討
まとめと シェアリング	8　スーパーバイザーからのご助言 9　参加者で思いの共有

8 スーパーバイザーをお迎えしてさまざまな事例検討から学ぶ

　2019年9月からは佐伯英明氏をスーパーバイザーとしてお迎えし、応用行動分析の学びと事例検討を行っている。講演を1～2回拝聴し、

わかったつもりで終わらせることなく、学校現場で使えるようになりたいという希望を持ち、継続的な学びを行うことにし、現在も継続している。困っている子どもと、子どもを支える大人に役立ちたいという真摯な佐伯氏の姿勢からも学ぶところが多い。応用行動分析に限らず、教育とは何か、現代の教育課題の講義もあり、教育者としての養護教諭の学びを得ている。

養護教諭としての有り様、自分たちの養護観を問うことも重要と考え、大谷尚子氏、亀崎路子氏に来ていただいたこともある。またさまざまな事例検討の方法にもチャレンジし、PCAGIP法での事例検討を実践している上農肇氏を招聘しての事例検討も行っている。

9　事例検討会では希望のないところに希望の光が見える

他の方が事例提供されている時、体験したことのない体験から新たな学びがあるだけでなく、自分が日頃悩んでいることや悩んでいなかったことのなかにも気づきがある。自分の視野で見ている日常を、他の方の事例を検討するなかで、別の見方で眺め、改めて問題意識をもったり、うまくいっている部分を確認したりできるように感じる。

自分が事例提供して検討している場合は、自分が一通り今ある問題の背景まで話をして、周囲から質問をしてもらうことで、全体像が整理されて、本当の問題点は何か、今まず取り組めそうなことは何かがわかる。忙しい執務のなかで、子どもたちの様子や保健室や教室で行われている対応について、気にはなっていても、どこから手をつければよいのか、誰が何をすればいいのかわからず、チームワークがうまくいかない場合は、半ば諦めて過ごしていることが多い。事例検討会では、希望のないところに、希望の光が見える。現状は何も変わっていないのに、気持ちが前向きで元気になり、また次の日から子どもたちや先生方と明る

い気持ちでトライしようと思える。

　集まるメンバーの子どもに寄せる思いに心を打たれることが多い。学校でやっかいとみられている子どもの行動問題に心を痛め、事例提供する姿勢にはっとする。子どもの行動をまだ十分に見ていなかったと自分の不十分だった点への気づきが得られる。そして養護教諭独自の置かれている立場や気遣いなどをわかってもらえるだけでもホッとし、勇気づけられる。話し合っているうちに、自分の奥にあった養護観や教育観に気づくことがある。

10　今後、養護実践研究サークルの継続とともに事例検討を広めたい

　新型コロナウイルス感染症の蔓延で、集まることが制限されていたときも、オンラインで継続してきた。思いつきで立ち上げたような会であるにもかかわらず、7 年間毎月継続できたことを奇跡のように感じている。石川県内には他に養護教諭の自主的な学習組織は見当たらないことから、なんとか継続していきたい。「事例を通して学ぶ、事例検討から学ぶことは、仕事を継続する限り半ば義務ではないか」という森田光子氏の言葉とともに、もっと多くの養護教諭の仲間に事例検討を広めたいと思っている。一般教員が毎年研究授業を行うように、養護教諭の事例検討が広まっていってほしい。

11　令和 6 年能登半島地震に遭遇して今の気落ちを話す場に

　私の住む石川県は 2024 年 1 月 1 日に能登半島地震という大きな災害に遭遇した。未曾有の災害で混乱するなか、さまざまな会合は中止されていた。金沢は日常が保たれてはいたが、緊張した状況が続き、また、何かしたいがどうすることもできないジレンマで疲れていた。2024 年 1 月 20 日（土）に第 81 回の会合を予定していたが、前日までに何人

9 養護実践研究サークル　金沢　113

ものメンバーから欠席の連絡が届いた。金沢は被害が少なかったとはいえ、お正月に起こった災害だったので、親の実家に帰省中に被災した子どもや教員がいる。能登から避難のために転校してきた子どももいる。一時的な避難を経験した子どもは何名もいる。私自身、能登に親戚がいて行方がわからなかった。津波警報のために一時的な避難を体験し、災害の怖さを痛感した。記憶は薄れてしまう。今起こっていること、今の気持ちを記録したいと思い、最近学んでいるグラフィックレコードでの記録を思い立った（図1）。何かを話したい仲間もいるだろうと考え、13時から16時の間、会を開くことにした。だれも来なかったら一人で記録を残す時間にしたらいいと考えていた。1時間ほどたった14時に2名の仲間が現れ、3人で1月1日の体験や学校の様子、子どもたちの様子、自分たちに何ができるかなどを話した。

　この会が自分たちの内面を話すことで、今の気持ちを整理し、自分自身を、そして互いを勇気づける会になっていることを感じた。

図1　ホワイトボードを使ったグラフィックレコードでの記録

12　さいごに

2024年1月1日の能登半島地震を経験し、私は精神的にとても落ち

込んでいた。その時に遠方の何人もの知人から、何度も気遣うメールが届いた。返信を送る気力もなく、ただただ懸命に日々の営みを続けることに精一杯の日が続いた。連絡が取れなかった従姉妹の生存がわかり、ほっとした時、連絡をくださった知人に電話した。その知人は、脈絡なく語る私の話を、ただただ聞き続けてくださった。話し終わった後、何か気持ちが少し整理され、この後何をしていくかがおぼろげに見えた気がした。これまで、寄り添うことや受け止めることが重要であると学んできた。本当にその力を信じていただろうか。寄り添っていただくことがどれほど大きな力になるかを実感した出来事であった。健康相談の基本は、ここにあるのだろうという確信めいたものを感じ、私も子どもたちにも、会のメンバーにも声をかけ続け、寄り添い続けていこうと決意した。

　継続的に学んでいる応用行動分析は私の重要なスキルの一つになっている。勤務校では、すぐに暴力を振るったり、破壊的な行動をしたりといった児童の対応について意見を求められる。また、直接連れてこられ、保健室で落ち着くことも多い。継続的に学んでいるメンバーは、事例検討の際には、子どもを取り巻く環境要因を聞き出す質問をしたり、その前後の具体的な出来事を尋ねたりする。その姿にこの会での学びの積み重ねを実感する。

　大谷尚子先生や亀崎路子先生に来ていただいての講義では、養護とは何かを深く考える機会になった。養護教諭として互いに寄り添い、ときに支え、学ぶこの会を大切に育んでいこうと思っている。

〔竹俣由美子〕

文献

1) 竹俣由美子（2020）:自主研修グループでの事例検討会の成果と課題, 学校健康相談研究, 17 (1), 38-44
2) 木村留美子（2003）:相手との関係を見直すことから始める子育て支援, 子どもの発達支援センター, 56-57
3) 前掲1）

10 自主学習会　愛媛県八幡浜
―子どもに学び、事例に学び、仲間に学ぶ―

1　会が発足したきっかけは「師」の一言に導かれた歩み

　約25年前、「事例検討や健康相談を学びたい」「子どもたちにより良い対応をしたい」「自らの力量形成のためだけではなく、地域の養護教諭たちと一緒に学び合い、全体の専門性を高め合いたい」等、それぞれの思いや願いが一つになって、愛媛県八幡浜市で事例検討会が始まった。

　会が発足したきっかけは、森田光子先生とのご縁と「養護教諭の力量を高める一番の近道は事例検討」という先生からの助言である。

　これまでを振り返りこれから述べるエピソードを整理した結果、会を発足し現在まで続けてこられたのは、学びたい！　学び続けたい！　という「思いや願い（情熱）」、教え導いてくださる「師」、頼りになり助けてくれる心強い「先輩（ロールモデル）」、会を牽引する行動力ある「リーダー」、共通の思いや願いを抱き共に歩み続けてくれた「同志（仲間）」のおかげだと言える。

①「師」森田先生との出会いで生まれた「思いや願い（情熱）」

　森田先生（当時：女子栄養大学教授）との出会いは、1996年の文部省（当時）と学校保健会による「保健室相談活動中央研修会」であった。先生には、養護教諭の行う健康相談についての理論や留意点、養護教諭の役割等を講義と実習でご教授いただき大変感銘を受けた。養護教諭観や仕事観が大きく揺さぶられ、力量不足を痛感した私は「先生からさらなるご指導をいただきたい！　もっともっと学ばせていただきた

い！」と切に願い、いつかまたその機会を得たいと思った。

②「先輩（ロールモデル）」・「リーダー」・「同志（仲間）」の力

　中央研修会を終え、親しくしている同輩の養護教諭に研修会と森田先生の話をしたところ「確か、森田先生は八幡浜市のご出身。同郷のご縁で連絡させていただいては？」と自らの人脈で連絡先を調べてくれた。

　養護部会を牽引する頼れる先輩たちにも森田先生の研修会ができないかと相談したところ「ぜひ、皆で学ばせていただこう！」とすぐに賛同してくれ、研修会が実現できるよう役割を分担し即行してくれた。先輩たちの尽力で、森田先生は交通費が賄えない厚かましい依頼を快諾してくださり、故郷の後進たちとの縁を結んでくださった。

③事例検討会の始まり

　その後、皆の要望で森田先生の研修会は毎夏（夏季休業中）に行うことになり、養護部会が日頃から熱心に活動していることを評価していただけて、市の教育研究組織から十分な予算をもらえることになった。養護部会研修会（講義と演習、事例検討の1日研修）に加え、自主参加の事例検討会（半日）と森田先生との食事会の企画は、皆のお楽しみ行事となり、数年前に「体力的に限界だわ〜」と先生から言われるまで継続することができた。

④グループ研究と定例の事例検討会の始まり

　毎夏の事例検討会を定例会に進化させ、グループ研究を始めたのは、森田先生に連れて行っていただいた養護教諭の相談を学ぶ会やカウンセリングを学ぶ会、事例検討会や論文作成の読み合わせの会がきっかけだ。

　事例検討会では、サイコドラマを取り入れて行う方法や、経験知の高い参加者の的を射た発言、新たな気付きを上手に拾い上げ、話題を焦点化していくファシリテーターのスキルを学ぶことができた。地元で行う

会と大きなレベルの差を感じた私は、定例の事例検討会を起案してレベルアップを図りたいと考えた。

「研究は論文にして世に出すことで人様のお役に立ち、日々の実践にフィードバックされる」
「養護教諭は実践者でもあり研究者でもあるから、自らの実践を研究することはとても大切」

　論文作成の読み合わせの会では、著書や論文を拝読し「養護教諭界のスーパースター」と勝手に憧れていた先生方が一堂に会し、目の前で熱心に協議されている姿にとても感動した。森田先生や先生方からのご教授を受けた私は、自らも研究に挑戦したいと考え、市の養護部会のグループ研究のテーマの一つに「健康相談」を提案した（2005 年）。

　事例検討を主な研究方法としたグループ研究には、養護部会部員の半数の約 10 名が手を挙げてくれた。研究は一年毎にまとめて養護部会の研究誌に投稿し、口頭発表も行った他、事例集の作成や県の保健主事研修会での口頭発表、日本学校健康相談学会での誌上発表も行った。

　2015 年、グループ研究は 10 年を区切りに終えることになったが、仲間と共に学び合う楽しさや研究を文章化していく作業の大変さを実感し、多くの知見や達成感を得ることができた。

⑤事例検討を学び続けたい！⇒自主学習会として継続

　グループ研究を終える際、メンバーたちと話し合って事例検討会は自主学習会として続けていくことになり現在に至っている。初心に戻り、「学び続けたい！」と願う仲間たちとの再スタートであったが、市外に転出したメンバーも戻ってくれ、若手のメンバーも新たに加わった。

10 自主学習会　愛媛県八幡浜　119

2 会のコンセプトに流れる事例検討道の流儀

　会のコンセプトは「子どもに学び、事例に学び、仲間に学ぶ」と「皆が楽しみに通える会」である。

①子どもに学び、事例に学び、仲間に学ぶ

「事例検討会では、貴重な事例を提供してくれる事例提供者に敬意を払い、感謝の心と学ばせていただく姿勢で臨むこと」

　森田先生のこの言葉は、先生の事例検討道（勝手に名付けている）の流儀や作法の大前提として私が捉えていることであり、事例検討会では始める前に必ずこの言葉を心の中で唱え、気持ちを整えてきた。

　「養護教諭の一番の教科書は子ども」「学校現場が一番新しい。目の前の子どもと事例に学ぶのが最新で一番の勉強」「養護教諭仲間で語り合い、学び合うことが大切」等、先生の教えがこのコンセプトに繋がっている。

②皆が楽しみに通える会に

　皆が楽しみに通え「次も参加しよう」と思える会にしていくためには、「参加して良かった！」「事例を提供して良かった！」「メンバーに会え、元気をもらえて良かった！」等、「良かった！」の積み重ねが大切だと思う。安心して事例検討ができる雰囲気や信頼関係、温かい土壌を作ることは大前提でコミュニケーションの機会を多く持つ工夫が必要だと思う。

　本会では、定期的に通信を発行したり、「おまけの会」を設けて食事会をしたり、料理が得意なメンバーのクッキング教室をしたり、事例検討会以外の場でもコミュニケーションを図る機会を多く持った。メンバーの得意なことや強みを生かせるコミュニケーションの場や役割分担

（通信、会場準備、連絡・調整係等）での活動は、それぞれの自己肯定感や所属感、仲間意識を高めてくれた。

3　会の構成メンバーは世代を超えて集まる仲間

　世代交代の波を受け、ここ数年でメンバーの入れ替わりや人数の減少が見られたが、現在は養護教諭6名、元養護教諭1名の固定メンバーに、次回から新メンバー2名が加わり、市外転出者のメンバーが1名戻ってくるため、計10名となる。助っ人メンバーとして元養護教諭2名も待機しており、参加メンバーが少ないときや必要時に協力してくれている。

4　事例検討会の開催は世話役が順番に

　健康相談のグループ研究を行っていた頃は2か月に1回の開催とし、全員が順番に事例提供を行っていたが、その後は学期に1回程度の開催とし、長期休業や日曜日の午前10時〜約2時間行っている。

　開催月が決まったら世話役がメールでメンバーに知らせ、参加可能な日についての返事をもらって調整し、開催日時を決めている。出欠席や事例提供の希望の有無、会の詳細もメールで通知し合っている。

　世話役は順番に回し、会場は世話役の学校や公共の施設を借りて行っているため、会費は特に徴収せず、必要時に集めるようにしている。

5　参加者はどのようなことをきっかけに会に参加しているか

　市養護部会での紹介や会のメンバーたちからの誘い、市養護部会の研究グループに所属したことをきっかけに参加している。

6 事例の書き方は高めたい力に応じてアップデート

「保健室対応や健康相談は、情報量が少ない事例が多い。少ない情報から見立てを行い、仮説を立てながら動ける力が必要」
「見立てに必要な情報はどのようのものかを知り、事例提供の資料にも必要な情報が記載できるようになること」

　森田先生からのご指導をはじめ、グループ研究の目標やその時々に高めたいと思う力に応じて、事例の書き方をアップデートしてきた。現在はＡ４一枚程度で可、無理のない範囲で気負わずに書くことを基本とし、規定は特に設けず事例提供者に任せている。ただし、困った時や初めて事例を書くメンバーの相談には応じ一緒に考えながら作成している。

　作成のポイントは、事例の概要が読むだけで十分に伝わる資料であること、見立てや検討に必要な情報が簡潔に記載されていることである（表１）。そのため、事例提供者による口頭説明は行わない、資料の黙読によって事例の概要を把握し、質問事項も口頭ではなく、ホワイトボードに記入している。

　この方法にしたのは、時間を節約し、合理的に進行するため（グループ研究時に多くの事例を検討する必要があり、１回の事例検討会で２例を検討していたので）と、「見立てる力」に加えて「伝える力」「質問する力」「情報収集する力」を高めることを目標にしたからだ。

表1　最近の事例記述様式（一例）

タイトル（学年や性別、事例の概要を集約したものに）
例：感情をうまく言語化できず、イライラが抑えられない小5男児

1　問題の概要
2　相談のきっかけ
3　学級・家庭環境・本人等について
4　支援の経過
5　現在の見立て
6　支援の目標
7　検討してほしいこと

表2　「支援の経過」の記入様式の一例

時期	情報収集	理解・解釈 見立て・判断	仮説設定	支援選択

（見立てる力と気付く力の向上を目標にしていた時期の様式）

　表2は、表1に示した「4　支援の経過」の様式の一つであり、グループ研究の目標を「見立てる力・気付く力の向上」に掲げていた時期のものである。子どもの様子や情報からどう見立て、どう判断し、どんな仮説でどんな支援をしたか、養護教諭の思考を見える化した様式だ。

　この様式で支援の経過をまとめていくためには、日々の記録を細かく取る作業が必要であり、大変ではあったが、自分の思考の整理ができ、日々の健康相談の実践のなかでも見立てや仮説を立てる習慣が定着できた。

7 事例検討会当日の流れと役割分担

事例提供者、司会者、記録係を分担し、表3の流れで行っている。

表3 事例検討会当日の流れ

1 資料配付
2 黙読
3 質疑応答（ホワイトボードにて見える化） 　　質問を本人・家庭・学校・養教・その他の項目ごとに記入した後、事例提供者が記載された質問に答え、記録係が質問の横に回答を記録していく。
4 グループ協議（KJ法、問題解決型、協議内容の見える化） 　　課題と解決策についてそれぞれが付箋に1枚ずつ記入する。KJ法で付箋を整理し、協議内容を用紙に記入する。
5 グループ毎に発表
6 事例提供者の感想とシェアリング
7 スーパーバイザーより

8 変化をもたらすスーパーバイザーの存在

さまざまな事例検討会に参加し、スーパーバイザーによって会の質や印象が大きく変わることを体感してきた。専門性と人間性の二面から学ばせていただくスーパーバイザーの存在は、とても大切だと思う。

本会では、森田先生と児童精神科のドクター（市内のクリニック院長）にスーパーバイザーをお願いした。お二人の先生の共通点は「自らも一緒に学ばせていただく」という姿勢と高い専門性からの温かいご指導だ。

①森田光子先生のスーパーバイズ

森田先生には初回からご指導をいただき、基本的な事項を丁寧に教えていただいた。私が勝手に名付けている「森田先生の事例検討道」の流

儀やお作法（事例検討会での留意点）を以下に少し紹介しておく。

○一人でしゃべりすぎない。
○今、検討している事例以外の話はしない（自分が過去にかかわった事
　例等の話をしない）、検討事例のみに集中する。
○質問はとても大切。質問の時間が終わった後に思い付いた質問をする
　のはご法度。時間内に質問が出せなかった自分を省みて、できなかっ
　た質問は次回に生かすこと。与えられた時間のなかで厳選した質問が
　できるようになれば情報収集や見立ての力、健康相談の質も高まる。

　森田先生のスーパーバイズは、「学校は子どもを社会化するところ」
という視点で、将来、社会の中で生きていく力をどう身に付けさせる
か、どんな支援が必要か、養護教諭として何ができるかを中心にご指導
をいただいた。「見立てをしっかりと行い、コーディネートする力を持
つこと」「連携は対等の立場でこそ成り立つので、医師やカウンセラー
と共通の言語で話せるくらいの知識は身に付けておくこと」「傾聴は大
切ではあるが、子どものタイプによっては、聴き過ぎてはいけない場合
があるので要注意」等、肝に銘じる金言も多くいただいた。
　森田先生は「中身は古くならないよう、常に企業努力しているのよ」
とよく言われていた。推しのドクターの講演を聞くためには遠方まで足
を運ばれ、精神医学系の学会参加では医療現場の最新情報を見聞きさ
れ、足繁く通われていた事例検討会では養護教諭たちの話に耳を傾けら
れていた。自らの足と努力で得た情報や資料を惜しみなく提供してくだ
さり、全身全霊でのスーパーバイズから得られたものは多かった。
②児童精神科医のスーパーバイズ
　ドクターとの出会いは、市内の医療機関での学習会であった。発達障

害や認知行動療法、トラウマ治療が専門分野であり、熱心さと誠実さが伝わるお話から事例検討会でのご指導をお願いした。

事例検討会では参加者の一人として事例を検討することを希望されたため、医師が知りたい情報や見立て、問題や解決策についての考えを知ることができ、とても勉強になった。スーパーバイズでは、医療機関に繋いだ後の治療や地域での連携方法、見立てのポイント等も教えていただき、自校の子どもたちのケース会議や情報交換会の開催にも繋がったので大変有難かった。

依頼時に「自身も勉強になるから講師料は不要」と言っていただいたので、年度最後に気持ちばかりの品（コーヒー等）をお礼としてお渡しし先生のご厚意に甘えてきた。

③現在と今後

コロナ禍の影響でドクターの参加が難しくなり、学習会も一時休会になったことから、スーパーバイザーの席は空席のままである。現在はメンバーからの依頼を受け、微力な私（元養護教諭メンバー）ができる範囲でコメントさせてもらっている。養護教諭のみの会は緩やかな雰囲気で流れ、長年の付き合いで育まれた安心感と信頼感のなかで遠慮なく話し合える良さを感じている。今後については状況を見ながら検討したい。

9 事例検討会で得られた力量

事例検討会を重ねることで養護教諭として必要な力を得ることができ、日々の健康相談や保健活動の実践力の向上に繋がったと思う（図1）。養護教諭観・健康観・子ども観等を練り合い学び合えた時間、職の悩みや大変さを共有し支え合えた仲間、所属感と安心感、多くの知見、自分への気付き、事例や子ども理解の深まり等も得ることができた。

事例検討の流れに添って見る「得られた力」

◇事例提供…伝える力　気付く力　分析する力
◇質疑応答…伝える力　分析する力　情報収集力
◇事例の問題を検討…分析する力　見立てる力
◇問題解決策の検討…対応する力　マネジメント能力　繋がる力
※スーパーバイズ…スーパーバイザーからの助言や人柄等を介して力が
　高まる　⇒　事例検討…健康相談や保健活動の実践力の向上

図1　事例検討で得られた力

　事例検討を多く行い、グループ研究にも取り組んだ10年間は養護教諭人生で一番充実しており、皆で成長することができたと思う。研究には苦労がつきもので大変なことも沢山あったが、今となっては楽しい思い出ばかりで一生の宝となった。当時のメンバーとの絆はとても強く、今でも繋がり親しく付き合える不動の存在だ。

10　今後の会の展望

　「継続は力」……無理なく、できる時に、できるように続けていきたい。森田先生の事例検討道の教えを次世代に伝え、残したい。

11　我が会のメンバーたちと話し合い皆で伝えたいこと

　子どもに学び、事例に学び、仲間に学び、森田先生に学べたことに心から感謝している。対応に苦慮する事例に悩み心が折れそうになったときも、事例検討会で共に考え支えてくれた仲間の励ましと、森田先生のご指導に救われ乗り越えることができた。続けてきて本当に良かった。

　スーパーバイザーがいない会となったが、先輩たちの存在が心強い。学びへの思い・願いを持つ誰かが声を上げリーダーとなり、同じ思いの

仲間が一人でもいれば会は始められる。まずはこのハンドブックや本を師に、会を開いてみてはどうか。そのうち沢山の「良かった！」が生まれてくる。

（谷本明美）

第4章

養護教諭と事例検討

養護教諭にとっての事例検討

1 事例検討とは

　事例検討は、文献検索をすると、さまざまな分野で行われており、その目的や対象、実施形態も異なることが分かる。

　養護教諭にとっての事例検討を考えるときに、小倉学氏と飯田澄美子氏の呼びかけで1980年3月に発足した「健康相談を学ぶ会」（後に、「養護教諭の相談を学ぶ会」となる。以後、略して「学ぶ会」と称する。）が、「養護教諭が行う相談的対応」という観点から整理・集約した書籍「子どものこころに寄り添う養護教諭の相談的対応」のまえがき[1]を読み返してみる必要がある。そこには、以下の事が書かれてある。

　「近年、保健室を訪れる子どもの問題に、心因の絡む健康相談や心の問題が増え、相談的な対応がますます重要になってきた。しかし、現場では、その相談をどう進めていたらよいか迷うことが多い。また、自分なりに進めてはいるが、それが相談になっているのか、自信が持てない人も多い。一方、職場の理解不足や担任教師との連携がうまくいかず、苦労することも少なくない。」

とある。そして、

　「こんな問題の解決への手がかりを求めて、多くの養護教諭がカウンセリングや教育相談などの研修を続けている。しかし、そこで学んだこ

とが、そのままでは保健室での相談に当てはめられないことが多い。やはり、養護教諭が保健室の場という条件のなかで、日常的に実行できる、独自の相談的対応の方法を確立していく必要がある。そんな研究を、養護教諭の実践的経験を相互に交流するなかで、少しずつでも進めていきたい。私どもの会は、こんな趣旨で発足したわけである。」

　この会の活動は、隔月に事例検討会を開いて、養護教諭であるメンバーが自身の相談事例を出し合い、事例に沿って学習をするとともに、調査研究に取り組み、共通の課題を確かめたり、新たな示唆や教訓、典型例を得てきたということである。そのなかで、事例検討会のことについては、「研修としての意味」と「連携としての意味」があると述べ、「問題を持つ子どものまわりの人々に働きかけて、いろんなかたちで事例検討会を持っていくとよい」としている。また、事例には、「進行中の事例」や「終了した事例」の２種類があるとし、それぞれに目的をもって必要な関係者を集めて事例検討会を持つことで、思いがけない視界が開け、連携し合い、役割分担をし、学んで力量を高め合っていける、また、それぞれの立場なりの苦労が分かり合える、エネルギーが補給できる[1]ということが述べられている。

　さらに、「学ぶ会」のメンバーであった森田光子氏は、著書の中で「事例検討とは、健康相談のなかで子どもを支援する場合に、問題を抱える子ども、およびその背景要因をどう理解しどう支援するか、担任、養護教諭をはじめ教職員が具体的な方策を出し合い、話し合うこと」と述べている[2]。

　また、「学ぶ会」を前身として設立された日本学校健康相談学会の知見を活かして作成された養護教諭養成向けのテキストには、「事例検討とは、相談者（養護教諭等）から報告された事例について、参加者全員

1 養護教諭にとっての事例検討　131

で対象者（子ども等）やその問題の背景を理解し、見立てを行い、支援方針やより良い支援方法を検討することである。」と示されている[3]。

このことを踏まえて、養護教諭にとっての事例検討とは、子どものことで、あれで良かったかと悩ましく思ったり、気になったり、相談したいと思った養護教諭から提供された事例について、参加者全員で、子どもやその子どもの問題や背景要因を理解し、見立てを行い、よりよい支援を検討すること、といえよう。

2 養護教諭の事例検討にかかわる歩み

ここで、改めて、養護教諭の事例検討にかかわる歩みを辿ってみる。

1950年代、我が国にアメリカからカウンセリングの理論が導入され、1960年代には、カウンセリング方式の健康相談[4]が紹介された[5][6]。養護教諭は、以前から相談を行ってきたが、保健室に持ち込まれる子どもの多様な訴えに、話を聴く対応をすることが増えていった。

1970年代から1980年代にかけて、救急処置をするなかで情緒面に配慮したり、行動変容につながる保健指導（小倉学「個別的保健指導の進め方」東山書房、1981）をしたり、不登校の子どもを保健室登校に受け入れて継続的にかかわるなど、養護教諭の様々な相談支援がクローズアップされ、事例検討の俎上にあげられ、典型例や理論が報告されていった[7][8][9]。こうして、子どもの健康問題の解決を図り、心身の成長を育み、人格形成に寄与する健康相談が養護教諭の重要な職務として位置づくようになっていった[10][11]。そして、そのための研修を求めて、事例検討が活発に行われるようになっていった。

1990年代には、当時の文部省の委託を受けた日本学校保健会は、保健室に来室する児童生徒の利用状況と養護教諭の対応の実態調査を行い、それにもとづいて「保健室における相談的な対応の手引き」を作成

し、全国に配布した[12]。その手引きには、研修を深める方法として事例検討会が取り上げられている。「事例」とは、保健室に来る「児童生徒」と「養護教諭」および「両者の関係」であるということ、事例検討会の本来の目的は、児童生徒の問題の所在や適切な支援の手だてを考えることだけでは目的の半分であること、養護教諭自身のものの考え方や児童生徒と養護教諭の関係を検討することが必要だと書かれている[13]。

　また、各自治体の養護教諭を集めて「保健室相談活動中央研修会」（主催：文部省体育局学校健康教育課 / 財団法人日本学校保健会）が開かれ、事例検討会が各地に浸透することにつながった。

　なお、このような流れのなかで、保健体育審議会答申において、養護教諭の行うヘルスカウンセリングの役割はますます重要であるということが明示されて、教育職員免許法の改正によって、「健康相談活動」が養護教諭免許取得に必須の科目として新設されている。

　2004年には、養護教諭の健康相談の根拠となる理論の構築を目指して、日本学校健康相談学会が設立され[14]、事例検討を取り入れたワークショップが現在も定期的に開催されている[15]。そして、養護教諭養成に向けては、養護教諭の行う健康相談に関する教科書が作られ、力量形成の方法として事例検討を学ぶ内容を教えるようになっている。

　その後、時代とともに事例検討の方法も変化し、短時間で行うさまざまな方法が開発されたり[16]、進め方の工夫が行われている。

　こうして、養護教諭にとっての事例検討が、多くの地域の多くの養護教諭の手で、長年にわたって育てられてきたことを実感する。

（亀崎路子）

文献

1）養護教諭の相談を学ぶ会編（1993）：子どものこころに寄り添う養護教諭

の相談的対応, 学事出版, 3-7, 275-282

2) 森田光子 (2010)：養護教諭の健康相談ハンドブック, 東山書房, 107

3) 大谷尚子・鈴木美智子・森田光子 (2023)：事例検討のすすめ方, 養護教諭の行う健康相談 第4版, 東山書房, 147-161

4) 福田邦三 (1976)：保健カウンセリング, 実践保健学概論, 141-161

5) 飯田澄美子 (2005)：カウンセリング方式の健康相談と発展, 保健の科学, 47 (11), 772-777

6) 鈴木美智子 (2005)：学校健康相談45年の軌跡, 学校健康相談研究, 1 (1), 5-11

7) 小倉学編集代表 (1980)：学校健康相談・指導辞典, 大修館書店

8) 森田光子・今井洋子・西村紀美代ほか (1986)：日常的に行なう相談活動の実際 ── 相談的対応にみる養護教諭固有の機能 ──, 東山書房

9) 全国国立大学附属学校養護教諭部会 (1989)：みつめるまなざし ── 保健室の相談活動 ──, ぎょうせい

10) 養護教諭の相談を学ぶ会編 (1993)：子どものこころに寄り添う養護教諭の相談的対応, 学事出版株式会社

11) 森田光子 (2010)：養護教諭の健康相談ハンドブック, 東山書房

12) 飯田澄美子 (2005)：学校健康相談研究の動向, 特集 学校健康相談研究のこれまでと今後の課題, 学校健康相談研究, 1 (1), 1-4

13) 保健室相談活動調査委員会 (1995)：保健室における相談的な対応の手引き, 日本学校保健会

14) 会報「日本学校健康相談学会」の設立経過と総会報告 (2005), 学校健康相談研究, 1 (1), 65-67

15) 竹俣由美子 (2023)：ワークショップのこれまでとこれから, 特集 日本学校健康相談学会のこれまでとこれから, 20 (1), 49-53

16) 森田光子 (2017)：子ども理解を深める事例検討〜その意義と進め方〜, 特集 子ども理解を深める事例検討, 健康教室, 68 (1)

養護教諭としての事例検討の種類と進め方

1 事例検討の種類と養護教諭

　事例検討会と同じような言葉に、ケースカンファレンスがある。山本力氏は、この二つの言葉を区別して使っているそうである。臨床施設内で行われている業務上必要な事例検討のことを「ケースカンファレンス」と呼び、開催される場所を問わないで専門家が集まり、事例を多角的に検討し合う機会を「事例検討会」と呼んでいるとのことである[1]。また、どちらも、その目的、参加者、開催形態などによって多様なバリエーションがあるが、ねらいは、およそ「訓練や研修」と「課題解決型」の2種類に分けられると述べている[2]。

　このなかで、ケースカンファレンスは、臨床活動にとって協働の機会であり不可欠であること、それは、①査定カンファレンス、②終結報告カンファレンス、③定例カンファレンスに分けられ、この3つは中心課題が違うことから、事例報告の仕方も異なるそうである。ただ、カンファレンスに提出する事例報告（case report）資料は、基本的には「クライエントと面接者（セラピスト）が登場する面接場面という舞台で生起したことを、時系列に沿って、あるいは意味の文脈に沿って、その要点を再構成して物語る営みである」[3]とのことである。このような心理臨床家の方々の事例検討に向けての取り組みは、報告資料の作成ひとつとっても、仕事の一環としてエネルギーをかけるようになっており、その深さや濃さには圧倒されるが、学ぶところがある。

　学校に例えると、校内のケース会議がケースカンファレンスに該当

し、地区の養護教諭研究会や任意参加の自主的な事例検討会などが、専門家が集う事例検討会ということになるのだが……。養護教諭の場合は、子どもの問題の経過や予後に関する情報があまりなく、校内体制が整っていない段階でも、目の前で起こってきた子どもの事実から見立てを行い最善と思われる対応を始める[4]。それは、支援計画が明確になってから実践・評価する心理職とは異なっている。

　また、養護教諭は他の教職員と専門性が異なる一人職であり、校内ケース会議に参加することそのものにハードルがあるかもしれない。心理職が施設内で協働しつつ互いに専門性を磨き合うようなケースカンファレンスをするのと同じように、養護教諭が校内でケース会議を通じて教職員と専門性を磨き合うことは難しいだろうし、状況によっても異なるであろう。むしろ、養護教諭の場合は、同職種である養護教諭同士が集まることができる地区や任意参加の事例検討会で、専門性を磨き合うために、心理職の行っているケースカンファレンスのような内容を充実させていくことが望ましいと思える。そのためにも養護教諭同士の事例検討会は大事である。さらに、そこで磨いた事例検討のスキルを学校に持ち帰り、校内のケース会議を充実させていくことで、子どもに還元できるであろう。具体的には第2章と第3章を参照されたい。

　養護教諭は、ある意味、学校という教育臨床を舞台に、臨床活動を行い、リアルタイムな事例や、過去を振り返るタイムラグのある事例を俎上に上げて検討してきたといえる。これからも事例を物語り、本質を浮彫りにする事例検討を奏でられるように力をつけていきたい。

2　養護教諭が主に行っている事例検討の種類

　森田光子氏は、養護教諭が行っている事例検討の種類を、便宜上、進め方で分けている。その分け方は、養護教諭の職務の特徴を踏まえて検

討できるように工夫されているので、参考にしたい（表1）[5]。

表1　養護教諭が主に行っている事例検討

種類	特徴
一般的な事例検討	対象となる子どもと、その子どもが抱える問題について深く理解し、支援のあり方をじっくり検討しようとするもの（2時間程度、10名前後）
短縮事例検討	短時間で、多数の人が1事例を検討する場合に便利な方法 ＫＪ法を応用し、少ない情報から問題解決をめざして、成育歴や相談経過は深く追究せず、学校でできることを中心に検討し、効率的に対策を考える、事例提供者の負担が少ない方法 事例はある程度かかわっているものが適しており、情報は2段階で提示し、終わりに事例提供者の事実提示の報告と感想が述べられることから、参加者はひとりでに学ぶことができる 司会者はタイムキーパーおよび進行役を務める （60〜70分、10人前後×全体で10グループ程度を限度に）
インシデント事例検討法	事例提供者の負担が少ない、短縮事例検討とは違って個人研究を重視 事例提供者に一人ひとりの助言が生かされ、一人ひとりが考える力をつけ、助言できるようにすることを目標にしている 提示する情報量は短縮事例検討よりは多いことから、情報収集のための質問の時間は少なくなり、情報理解と、関わり方や指導について考えることが多くなる ①概要把握と情報収集→②個人研究→③グループ研究→④全体研究・まとめ、という流れで進める （一般的には90〜120分、10人前後×数グループ）
事例にならない事例検討	「学級担任の質問に答えて助言したが簡単に解決した」「子どもが1回だけ来室相談したがその後は来室しない」など、養護教諭の健康相談の特徴が表れているミニ事例を持ち寄り、考察するもの 養護教諭の職務を明らかにし、その役割に自信を持つことにつながる

2 養護教諭としての事例検討の種類と進め方　137

研究の ための 事例分析	事例分析によって養護教諭の活動を明らかにする記録様式を用いる 養護教諭の活動に焦点を当てて記入するので、その対応が妥当だったかを後日研究的に振り返り、自分の力量形成につなぐための参考になる
救急処置 の 事例検討	短縮事例検討の方式に従って進めるもの 救急処置場面のシミュレーションを行い、その場で何をするかを話し合う 前半は、グループで①状態を明らかにするための観察・聴取、②想定される状態に対する判断とその根拠となる情報、③保護者連絡の時期、搬送先の判断、救急車要請の対応などを協議・検討し、最後に医師による診断名や指導事項、子どもの経過等を、事例提供者が説明して学習する 日頃の記録を生かした現職者でなければできない有効な研修方法 （60〜70分、5〜6人×全体で10グループ程度を限度に）

※「森田光子：養護教諭の健康相談ハンドブック、東山書房」を基に筆者作成

3　養護教諭にとっての事例検討の目的

　事例検討は、森田光子氏の著書『養護教諭の健康相談ハンドブック』より、その目的によって、①よりよい支援のため、②教育・研修のため、③共通原理や法則を見出すため（研究のため）の3つにまとめられる。

　振り返ってみると、養護教諭は、なんとかしたいという思いで事例を提供して、事例の問題解決、変容や成長を図るために、よりよい支援を検討する。同時に、事例検討の参加者には、事例という生々しい世界を垣間見るなかで感覚を伴いながら学ぶ経験が、教育・研修になっている。かつ、養護教諭がとった対応に込められている共通原理や法則性を見出す研究をスタートさせて、養護教諭の実践知を浮彫りにすることができる。1回きりの事例検討会であっても、複数のねらいが込められていることに、事例検討の奥深さがあると思える。

4 目的に応じた事例検討の進め方

1) よりよい支援のための事例検討

(1) 養護教諭同士の事例検討

これは、地区の養護教諭研究会や養護教諭が集う任意参加の自主的な事例検討会が想定される。進めていく上で大切にしたいポイントを述べる。なお、進め方の実際は、第2章および第3章を参照されたい。

①事例提供の手がかり

養護教諭が困ったこと、大変だったこと、「なにか違う」というもやもや感、子どものふるまいなどに抱く「なんだろう」「なぜだろう」という気になる感覚が、事例提供の手がかり（cue）となるであろう。この思いや感覚を頼りに、養護教諭自身が問題だと見立てていること、よりよくしたいと思っていること、子どもによりよく生きてほしいと願っていることを、事例として取り出す切り口にして、言葉にしよう。周囲の仲間に手助けを求めて、その感覚や思いを語ることから始めよう。

②安心して語れる場づくり

実際に、事例検討会の場を主催するときには、養護教諭という同じ立場にあるもの同士が苦労を察して労い、安心できる雰囲気のなかで質疑応答ができる場となるように参加者にお願いをし、場づくりをする。1回限りの事例検討会に事例を提供したある養護教諭が、参加者からの質問に応じるなかで、この場が安心して自分を出せる場と感じとれるようになり、思いがけないアドバイスに、自信がもてなかった対応を意味づけていたことが報告されている[6]。

③事例の問題や本質を浮彫りにしていく視点

事例検討の進行を、どこまでコントロールするか、どの程度構造化するか、工夫のしどころである。話し合うテーマを全く決めないで参加者の疑問や自由意思に任せて発言することを待つのか、あらかじめ検討課

2 養護教諭としての事例検討の種類と進め方　139

題、時間配分、発言の順番などを決めておくのか、間をとって、大枠を緩やかに示して、中身は参加者が自由に発言できるようにして進めるか、そこをどうするかである。目指したいことは、事例の問題が浮き彫りになり見立てや対応の話し合いが深まることである。ここで、養護教諭のための事例検討を深める指針として、森田光子氏が述べている一般的な事例検討の視点[5)7)]を、表2にまとめる。①、②、③の視点から子どもを理解し問題の構造を深く捉えていき、④、⑤の視点を通じて支援を検討していく。⑥の視点で養護教諭の見立てと支援、その根拠に対する省察を深め、⑦の視点で学校組織や支援体制といった環境について検討を深めていく。質問という形から始まり、徐々に意見や提案に移行する。

表2　養護教諭のための一般的な事例検討の視点

事例検討の視点	方法
①成育歴や親子関係からの子ども理解	質問
②子どもの抱える問題の背景要因	
③子どもの問題が疾病・障がいによるかどうかの見極め	
④起きている現象の解決に必要なこと	
⑤支援方法	
⑥養護教諭の支援のあり方 　（見立て、支援方針とその根拠、子どもとの距離のとり方）	
⑦学校での支援 　（組織的な支援、子どもの状態に応じた支援方針・目標の適切な修正）	意見 提案

④ファシリテートの心得

　事例提供者にとって問いたかったこと、助言や意見をもらいたかったことが検討されるように、ファシリテートすることが柱となる。そのために、事例検討を行う前に、ある程度、なぜこの事例を提供したか、どのような事を検討したいのかを聞き取っておくことは大切である。一方で、「一番大事なことは話されない」[2]ということもある。もしかしたら、事例提供者が本当に確認したいことは、事例検討会では語られないかもしれない。意外と休憩時間中の雑談のなかで本音が語られることもある。このことを心得ておく必要がある。筆者も、事例検討会が終了したので、事例提供者にお礼の挨拶をしたところ、事例提供者から「今日は、このことが確認できて本当に良かったです。これが一番気になっていたので。」と話されたことがあったが、その内容は、事例検討の中心的な検討課題とは全然違うことだったので、ハッとしたことがあった。山本力氏が述べているように、アフターカンファレンス[2]も大切であると心得ておきたい。

⑤養護教諭による養護教諭のためのスーパービジョン

　スーパーバイザーについては、養護教諭による養護教諭のためのスーパービジョンを広げていけるとよい[8]。スーパービジョンには、管理的機能、教育的機能、支持的機能の役割がある。方法は、個別、グループ、ピアなど様々である。事例提供者が何を考え、何を感じ、何を学ぼうとしているのかをくみ取り、事例提供者の学びをより深めていくようなスーパーバイズの作業[9]を通じて、「単に相手に何かを与えるのみではなく、人間的成長を援助することである」[10]と言われている。養護教諭の間で、このようなスーパービジョンが行われ、そのあり方が受け継がれていくことを目指したい。

2　養護教諭としての事例検討の種類と進め方　141

⑥熟練者の実践知から学ぶこと

　事例検討が深まるにつれて、地域で頼りにされている熟練の養護教諭から、無意識のうちに為してきた数々の経験から培った暗黙知が呼び覚まされるかのように、賢明な判断が即興的に語られることがある[11]。このような熟練者の実践知から学ぶことは、スーパービジョンの効果を生み、よりよい支援を検討することにつながる。養護教諭は学校に一人のことが多いことから、職場の同僚同士のように、「ちょっと他の養護教諭に聞いてみよう」という具合にはなかなか相談できない。このことからも、事例検討は、熟練者の実践知を語り継ぐ場として大事にしたい。

（2）子ども支援の協働化を意識した事例検討

　子どもへのよりよい支援の協働化を意識して、学校や地域でケース会議を開催するようにコーディネートしたり、積極的に参加するとよい。

　学校における校務分掌や委員会などの既存の組織を踏まえて、校内でケース会議を開くときには、地域の人を呼んで、一同に会する場をつくることで、学校内外の連携・協働を促進する工夫ができる。

　養護教諭は、地域で児童福祉法を根拠に開催される要保護児童対策地域協議会や、地域保健行政の担当者（地区保健師など）が主催する地域保健連絡会等のなかでもたれる事例検討会、あるいは多職種連携を意図した事例検討会[12]などにもかかわっていくことを意識しよう。養護教諭がかかわっている子どもがケースとして取り上げられるときには、実務者として直接参加するときもある。校内でコーディネーター的な役割を担っているときには、学級担任や関係する教員を誘って参加するとよい。養護教諭が参加しないときでも、情報を提供したり、事例検討会で確認してきてほしいことを参加する教員にリクエストしたりするとよい。

2）教育・研修のための事例検討

①職業アイデンティティの確立の場

　森田光子氏は、「事例検討会は、（養護教諭の行う）健康相談で必要とされる知識・技術だけでなく、モラルや考え方、態度までを実際の事例に基づいて深く学ぶことができる有効な方法です。」「同一職種による事例検討会は、健康相談だけでなく職務全般について具体的に学ぶことができる機会となり、職業アイデンティティ（専門性）の確立に役立ちます。」[7] と述べている。このように、事例検討は、見立てるのが上手い、よりよい支援ができる、力のある養護教諭に育つ場となる。そして、養護教諭同士が学び合い、かつ職業アイデンティティの確立にもつながる場となる。

②事例提供者の自己成長

　事例提供者にとって、事例を語ることは、自分を語ることでもあるだろう。秋山の実践報告によると、事例提供者は、①事例をまとめているとき、②ファシリテーターと打ち合わせをしているとき、③事例検討会当日に参加者と振り返ったときに、新たな気づきが生まれたという[13]。

　また、事例提供者にとって、事例検討は、自分自身を変化させることで自己成長を遂げる機会になっていたという[14]。研修の主催者やファシリテーターは、事例提供者の振り返りに寄り添い、ときには背中を押すことが大切である。

3）研究のための事例検討

①研究的実践家としての養護教諭への期待

　養護教諭のことを追究する学術団体のなかでも、日本学校健康相談学会は、事例検討を軸に研究を推進してきた学会である。会誌「学校健康相談研究」の第１巻第１号には、「実践のなかにこそ、新しい研究の課題が見えてくる」、養護教諭が「研究的視点をもって、実践をし、検証

2　養護教諭としての事例検討の種類と進め方　143

していく姿勢が、研究を推進することになる」として、研究的実践家としての養護教諭への期待が述べられている[15]。現職の養護教諭にしかできない研究は、自らの実践を俎上にあげて、事例検討を通じて実践知を導くことである。そのために、研究者に支援を求めてほしい。

②事例検討から事例研究にしていく筋道

　飯田澄美子氏は、事例検討から事例研究にしていく筋道[10]を示してくれた。それは、子どもの問題をどのように解決していけばよいかを予め想定して対策をたて、それを援助のプロセスで実証していけば、仮説の検証ができるというものである。日頃からよい援助がしたいという熱意と、研究的な取り組み（問題→仮説→裏付けとなる資料→判断→援助のプロセス→援助の内容について評価）が行われていることが重要だという。その前提には、援助とはなにかについて基本的な考え方を学んで訓練を受けることを説いている。訓練の方法の一つとして、事例検討会があるが、現在進行形の事例の事例検討の進め方の基本的な考え方として、①事実を確かめていくこと、②相手の人間像、生活像の把握、③援助者としての姿勢、④チームの一人としての役割、⑤記録の大切さ、をあげている。援助の内容は、事例検討会を通じて質的にも深められていく過程のなかで統合化や整理、考察がなされて、援助が浮き彫りになり、事例研究として論文にまとめることができると述べている（図1）。

　また、森田光子氏は、事例分析シートや分析カードを作成し、複数の研究仲間（養護教諭）で分析検討し、養護教諭の実践の共通原理や法則を明らかにしている。その手順を具体的に例示しているので、元の書籍や論文を参照するとよい[16][17]。

（亀崎路子）

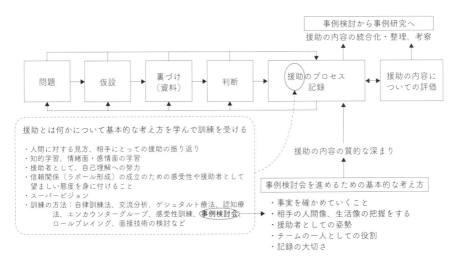

図1　飯田澄美子氏が示した事例検討から事例研究への筋道（筆者作成）

文献

1) 山本力（2018）：事例研究の考え方と戦略　心理臨床実践の省察的アプローチ，創元社，127-138
2) 山本力，嘉嶋領子，村山正治ほか（2020）：事例検討会を再検討する　ケースカンファレンス再考，第39回大会　教育・研修委員会企画シンポジウム，心理臨床学研究，38（5），437-459
3) 山本力（2013）：ケースカンファレンスなどでの事例報告の作成要領──いかにして臨床の舞台でリアリティを言葉にするのか──，心理・教育臨床の実践研究，12，61-68
4) 村山貴子・森田光子・井手元美奈子・清水花子（2008）：教室を抜け出してしまう中3A子への支援──養護教諭の見立てと教育機能に着目して──，学校健康相談研究，5（1），46-57
5) 森田光子（2010）：養護教諭の健康相談ハンドブック，東山書房，110-130
6) 松永恵・斉藤ふくみ・上原美子（2014）：事例提供者が満足できる事例検討会のあり方について──「事例提供してよかった」と発言した事例提供者の語りの分析を通して──，学校健康相談研究，10（2），141-149

7）森田光子（2017）：子ども理解を深める事例検討〜その意義と進め方〜，特集　子ども理解を深める事例検討，健康教室，68（1），12-25

8）大谷尚子・山中寿江・森田光子ほか（2006）：養護教諭の行うスーパービジョンのあり方に関する研究――初経験者によるスーパービジョンを素材にして――，学校健康相談研究，3（1），34-41

9）令和元年度相談支援従事者指導者養成研修会（2019），事例研究及びスーパービジョンによる人材育成の理論と方法，国立障害者リハビリテーションセンター，http://www.rehab.go.jp/College/japanese/kenshu/2019/soudanshien_siryou.html，（参照2024-4-27）

10）飯田澄美子（2006）：特別講演 事例検討から事例研究へ，学校健康相談研究，3（2），43-49

11）塚本明子（2008）：動く知フロネーシス――経験にひらかれた実践知，ゆみる出版

12）日本看護協会（2021）：複雑かつ多重課題事例を支援する事例検討会の手引き

13）秋山緑（2013）：健康相談を通して養護教諭が育つ過程――事例検討を通してふりかえり気づくこと――，学校健康相談研究，10（1），99-100

14）斉藤ふくみ・松永恵・上原美子（2010）：自己成長の機会としての事例検討，学校健康相談研究，7（1），57-68

15）森田光子（2005）：学校健康相談の課題と展望，特集　学校健康相談研究のこれまでと今後の課題，学校健康相談研究，1（1），23-25

16）再掲5），110-130

17）永井利枝・青嶋昌子・有野久美・小澤洋美・志賀恵子・土屋律子・平賀恵美・望月志保美・森田光子（2010）：養護教諭が心因による保健室来室者と判断した根拠と対応，学校健康相談研究，6（2），2-13

第 5 章

事例検討会での心得と倫理指針

事例検討会での心得と倫理指針

1　昭和の事例検討会の思い出

　1970年代、今から遡ること50年前の思い出から始めよう。大学の一角にある心理相談室にパイプ椅子を持ち込んで、「金曜会」と呼ばれた事例検討会が始まるのを、私たち院生（修士課程と博士課程の12人前後）は談笑しながら待っていた。時間に遅れてきた者は部屋の外に椅子を並べて自分の席を確保する。正面のソファーには恩師の鑪幹八郎（たたら みきはちろう）先生が座っている。「それじゃ、始めましょうか」。その言葉を合図に、私はB4判で12枚余りになる発表資料を配布する。そこには、発表のタイトル、主訴と問題歴・家族歴、来談経緯などの事例概要が纏めて書かれていた。資料のメインは直近の相談面接の逐語記録である。

　当時、心理臨床家の訓練生として附属相談室でカウンセリングをケース担当していた院生たちはクライエントの許可を得て、大きなテープレコーダーで面接中の会話を録音していた。その録音テープを数日間かけて再生しながら、必死になって逐語記録（transcript）を作った。自前の仮名タイプライターで打ってくる先輩もいたが、私はすべて手書きで資料を作成した。報告するケースはすでに1年近く面接を継続している。懸命にレジュメを作成しながら、面接プロセスの全体像を〈鳥の目〉で俯瞰することができた。他方で、50分間の面接の逐語記録を作成することで、自らの応答の一言一句と直面して、「こんな応答をどうしてしたのだろう、恥ずかしい」と反省しながら、〈虫の眼〉で自らの言語的なやり取りの細部を再確認し、猛省する。つまり資料の準備段階

で事例検討の半分はすんでしまうことになる。

　当時、恩師以外の男性は課外の集まりでは皆タバコを吸っていた。その紫煙が立ちこめる濁った空気の部屋で、まず面接概要を確認し、皆で逐語記録を目で追いながら録音テープを聞いた。そして、10分ほど休憩したあと、2時間近くかけて一事例を全員でああでもない、こうでもないと話し合うのだった。要所で座長の鑢先生から鋭い質問が投げかけられる。一瞬固まり、私はしどろもどろに答える。緊張していることもあり、仲間のコメントの半分は、私のなかで未消化なまま議論が続けられた。時折仲間の目を気にして恥ずかしく感じたり、辛口のコメントに責められたように感じたりして、心に棘が突き刺さることもあった。終盤になって鑢先生が皆のコメントの「言の葉」を拾い集めながら、見立てや応答の仕方について総評を話される。夜10時頃になって「そろそろ時間なので、あとはいつものお店に行って続きを」と先輩が発言して検討会は終わった。

　真っ暗になった廊下を歩いて建物の外に出る。正門から歩いて10分ほどの場所にある居酒屋に入り、皆で打ち上げの食事会である。先ほどの事例検討会とはがらりと雰囲気が変わり、「発表、お疲れさま！」の一言ですっかり気持ちも和む。あとはワイワイガヤガヤ臨床談義に花が咲き、恩師の米国での訓練時代の苦労話に興味津々で耳を傾けた。その頃には発表準備のストレスも、仲間のコメントに密かに傷ついたことも、洗い流されて、交流を楽しんでいる私がいた。

表1 「金曜会」の標準的な進行表

夜6時半開始	50分間		30分程度	90分程度	夜10時頃～
事例の概要と検討事項の説明	「逐語記録」を確認しながら録音の聴取	休憩	質疑応答	各人の連想や印象の自己開示、そして焦点を絞った対話と議論を深める	「反省会」飲食と歓談

　冒頭から長々と、院生時代の事例検討会（「金曜会」）について紹介したが、この課外の自主的な事例検討会が心理臨床家になるための訓練の原点であった。この訓練形態の伝統と文化は、形を変えて現在でも大学院の臨床心理士養成における学内実習の一環として受け継がれている。ただし今は、録音と逐語記録の作成を求める大学はほとんどない。もちろん喫煙もアフターミーティングの飲食も一切ない。自主的で面白い課外の研究会ではなく、ひたすら真面目な「単位の出る授業」へと変貌した。懐かしい昭和の文化は、事例検討の場でもすっかり変貌し、ワクワクする遊びの要素も消滅したのはさびしい限りである。

2　事例検討会の機能や狙い

　メンタルヘルスを担う専門家にとって臨床実践の振り返り（省察）は必須である。その振り返りの一つである事例検討の機能や目的は何であろうか。一つは日々の臨床実践に活かすために「稽古場で腕を磨く」ことに喩えられ、二つ目に支援後の「楽屋での反省会」の機能に喩えられる。最初の**稽古場の機能**とは、私がビギナーの頃の金曜会に該当する。研修事例を素材に毎回スーパービジョンを受けたり、定期的に事例検討会で報告して多声的に振り返ったりする営みこそ、心理臨床実践のトレーニングにおける要であった。後者の**楽屋の機能**とは、相談やカウンセリングなど臨床活動という表舞台で演じた経験や気がかりを楽屋に戻ってから仲間に聞いてもらい、高ぶった気持ちをクールダウンする。

あるいは後日、臨床という営みの過程で生起した諸々の課題や葛藤を自己開示して、気心の知れた仲間とじっくり検討する狙いと言ってもよい。

それ以外に所属学会の大会や学術集会などで事例発表して、参加者や著名な臨床家にコメントしてもらうハレ舞台の機能もある。この場合は研究発表という目的があるので、いつも以上に気合いを入れて資料を準備し、発表の際にも格好を付けたり、理論武装したりして、やや儀式めくプレゼンテーションになるかもしれない。見知らぬ人同士の場であるので、時折厳しい質問やコメントも飛んでくる。その結果、発表者は公の場で自尊心が傷つけられるリスクも生じる。また継続中の事例を発表すると、その後の支援に不連続性が生じがちになる。つまり発表を終えて帰った後、面接や援助の姿勢や方針が発表の影響で不自然に変わり、うまく進展しなくなることがある。だから学術集会で報告する事例は終結して相当な時間を経た事例であることが原則である。印象深い終結事例の綿密な検討を介して結晶化した知見を考察し、「実践知」としてプレゼンできると「知」の共有と継承がはかられる。そのような発表は、もはや事例報告（case report）ではなく、事例研究（case study）と呼ぶのが相応しい。

3　検討会の種類、それぞれの心得

ひとくちに事例検討会といっても、多様なバリエーションがある。いちばん身近なのは校内での事例検討会であろう。いわば現場での作戦会議である。学校内で関係者が集まって子どもの対応に関わる話し合いをする。臨時の集まりなので、事前に事例資料を作成しないで、参加者が口頭で報告し合い、その後自由に話し合って、方向性を集約し、共有するのが一般的かもしれない。他方、校内研修の一環としてフォーマルな

1　事例検討会での心得と倫理指針　151

形で開催する場合は、簡単なレジュメがあると、参加者の理解が促進されるので、検討会のキーパーソンが要点や検討課題を整理して準備できるとよい。

　つぎに**地域の仲間同志による事例検討のための研究会**がある。地域の養護教諭が集まって、定期的に事例検討会を開催するような場合は、あらかじめ資料を作成し、それに沿って報告がなされ、進行役のコーディネーションによって話し合いがなされるであろう。専門性を共有するクローズドな集団であるので、仲間同志の交流と親睦を深めるという副産物の意義も重要であり、継続参加のモティベーションとなるだろう。

　他に特殊な例として**学術集会等での事例検討**がある。学術集会や大きな研修会で事例に基づいた発表や研鑽を行う場合である。たとえば私が所属する心理臨床学会では、事例発表を軸にして大会プログラムが作成され、厳密な守秘性に守られて、60分〜90分の時間を確保して事例発表と多声的な討議を行ってきた歴史がある。ただ前二者の場合と異なり、発表の前に対象者のご家族の承諾、ときに所属長の同意も得ておく必要があるので、発表のハードルは高くなる。

　以上を一覧表（表2）にしてまとめたので参考にしてほしい。本章では表2の中央の列に記した養護教諭が定期的に集まって運営されるタイプの事例検討会を主にイメージして書き進めていくことにしたい。

表2 事例検討会の代表的な種類

	校内での事例検討	仲間同志の事例検討	学術集会等の事例検討
特　徴	必要に応じて、校内の人材（養教・担任・学年主任・SC等）が対象者の理解を深め、支援の方向性を協議・共有する	地域の養教の世話人が、場所と時間を決め、継続的に運営し、見立てや支援に関する研鑽と仲間同志の交流を深める	日常の相談経験のなかから興味深い終結事例を選択し、公の場で発表・討議して、複眼的・多声的に事例研究を行う
守秘性	家庭内の内密情報等は話さない	個人情報の匿名化原則として資料廃棄	匿名化＋発表承諾が必要資料の厳重な扱いと廃棄
開放性	関係者限定の連携集団	仲間の閉鎖グループ	会員限定の開放グループ
形　態	必要に応じて集まる	定期的に仲間が集う	多数参加で一回限りの場
進行役	学校により異なる	世話人・メンターの存在	座長・司会が設定される

1）発表者の留意点と倫理的配慮

　事例検討が有意義に進むかどうかは発表者のプレゼン力に左右されるので、発表に当たっての心得を、私の経験を省察しながら書き留めておこう。

①事例選択

　発表することが決まったら、どの子どもへの援助経験を取り上げるのかを考える。つまり**発表事例の選択**を行う。どうしてその事例を取り上げたいと思ったか、その動機を心の中で意識化し、大切にしておくとよい。その延長線上に事例発表の**狙いや意図**が浮かび上がるからである。事例の検討に入る際に、司会者がしばしば「何を検討してほしいか」と問い掛けるが、発表動機を大切にし、狙いや意図を自覚していると、その後の話し合いの焦点が共有されて生産的になるであろう。

②発表の枠

　次に事例資料を作成する場合のポイントを示そう。事例検討会では時間枠が決まっている。その枠が、30分なのか、1時間なのか、2〜3時間なのかによって、当然のことながら発表資料の分量が変わってく

る。後半での討議の時間を確保するために、発表時間を考慮してレジュメを作成する必要がある。だから定期的な検討会の場合、発表の**字数制限（枚数）**が設けられ、フォーマットも大まかに定まっていることが多い。その「枠」を意識して、沢山の記録や記憶の素材から、どの場面を取り上げるのか、どんなやり取り（対話）を抽出するのかを考えて、**発表内容の骨子**を徐々に構想していく。

　これまでの援助経過を思い出すままに全て書き出してから、後で制限字数（枚数）に合わせて文章を削除し絞り込むやり方もあるが、私は最初から「枠」を意識した上で全体の筋書きを作成し、資料を整理・調整していくことにしている。家屋の設計作業に例えるなら、4人家族の家を自由に設計してほしいではなく、北側道路の狭い変形地に収まる家を設計してほしいと注文しないと、枠を活かした設計図は描けないことに似ている。

③観点の三要素を自覚

　私は事例を報告するに当たって書き手の「観点」を自覚することが大切だと強調してきた。そして**観点をさらに視座・視点・視野の三要素**に区分して説明してきた。詳しくは拙著を確認してほしいが、簡単に説明しよう。

　物事を観察し、関わる場合、観察者の立場によって、自体の見え方や理解の仕方が変わる。まず視座による違いがある。例えば、校長の立場から見た子ども、担任が教室で見た子ども、保健室で養護教諭が観察した子ども、スクールカウンセラーが相談室で会った子ども、それぞれがある程度一致していることもあるが、多くは相当に異なっている。どれが正しくて、どれが間違っているということではない。要するに視座（観察者の立場・考え方・年齢・性別を含む）の違いを意識することである。視座が異なれば、対象の見え方や理解の仕方、関係のあり方も異

なるので、発表の際には誰の視座からの情報であるかを明記したい。言い換えれば、情報源（主語）を明確にしながら、子どもの情報を伝えることでもある。

視点は発表の目的や検討点と関連する。視点とは「対象者のどんな側面に光を当てようとしているのか」ということに他ならない。視点を定めて報告しないと、何が言いたいのか曖昧になるし、事例の焦点がぼやけてしまう。例を挙げよう。学級の友達と馴染めず孤立気味の子どもが、保健室に出入りするようになったとしよう。その子どもの対人関係の下手さが、何に由来しているのかが分からない。いわゆる発達に課題のあるグレーゾーンの子どもなのか、最近転校してきてクラスに馴染めないからなのか、とても内向的な性格でシャイなだけなのか、家族関係における難しい問題のしわ寄せが行動に表れているのか、そうした対象理解の「見立て」をして、その見立てを行った視点に沿って根拠となる資料を整理して発表することになる。観点の三要素のなかで「視点」がもっとも重要である。

最後は視野という側面である。これは事例の単位（unit of case）、あるいは報告範囲と言い換えられる。事例という舞台を主に保健室に限定して物語る場合はスポットライトの当たる範囲も限定され、説明も比較的しやすい。ところが、いじめを受けている子どもの支援では、視野を保健室のみならず、学級集団、クラブ活動の人間関係、時には地域の保護者の人間関係にまで広げて背景情報を整理する必要が出てくる。そうなると視野はどんどん拡大する。図式的にまとめよう。〈保健室登校事例〉＝主に子どもと養護教諭の関わり合いと変化、時々の保護者や担任の介入も含めて記載。〈学級でのいじめ事例〉＝当該の子どもと学級集団、及び担任との関係、そして保護者との協力関係の有無など、取り上げる範囲は広くなる。

1 事例検討会での心得と倫理指針　155

④問題提起行動と強み

　子どもの逸脱行動は「問題行動」と呼び習わされてきた。しかし、そう捉えると子どものネガティブな問題ばかりに注意が向き、それを指導・矯正するという方向の議論になりがちである。その落し穴を回避するために、「問題提起行動」と捉え直して再検討すると、少しは違った見立てができる。大人には問題と見える行動は、子ども側の「助けを求めるサイン」かもしれない。問題行動の背景や文脈を探って、教師の側からではなく、子どもの側から共感的に捉え直す姿勢があると、内面の理解が促進され、支援の方向性が見出しやすくなる。

　問題点ばかりに注意が向きやすいという落し穴と関連して、発表に当たっては子どもの興味や得意なこと、要するにポジティブな強み（strength）を見出して、検討することがとても大事である。ネガティブな点を矯正しようと強引に指導して軋轢を生むよりは、ポジティブな点を見出して育てる方が時間はかかるが、「急がば回れ」で、きっと解決への近道になるであろう。

⑤守秘義務

　発表者に求められる**倫理的配慮**について確認しよう。言うまでもなく、相談や支援にあたる専門家は、その職業的な営みにおいて知りえた大事な情報や秘密を、本人の許可なしに他に漏らしてはいけないという基本ルールがあることは、誰もが知っている。一般的に「**守秘義務**」と呼称し、英語では confidentiality と表記する。confidentiality のコア・イメージは「信頼して打ち明ける」という含意がある。だから、断りなしに他に漏らすと、信頼を裏切り、援助関係を壊してしまう。

　この守秘義務のルールは、厳密に考えると今日の「連携と協働」という潮流と抵触する。「チーム学校」として対応しなければならない時、子どもやその家族から聞いた情報を共有しなければ前に進まないが、倫

理感の強い人ほど葛藤に陥るかもしれない。だが揺れて葛藤することも大いに意味がある。悩みながらも「最終的には、子どもの理解と支援につながるから」という目的意識の下に必要な情報を関係者と共有するであろう。それが「**集団での守秘**」である。それでも「言えない」こと、「言わない」方が良いこともある。

⑥匿名化

　校内の事例検討会や地域の限定されたメンバーでの事例検討会は「集団守秘義務」の約束の下で、子どもなど利用者の支援に役立てることを目的にして開催するので、対象者側の了解を取らなくても可である。その代わり資料を作成する場合は、具体的な属性を抽象化し、匿名化する。例えば、山本さんの匿名化はＹさんではなくＡさんに変換し、広島中学ならＸ中学などと機械的に変換する。そして事例検討会終了後は、他人の目に触れないように資料の管理や廃棄を厳重に行うことが求められる。

2）参加者の留意点

①場に貢献する

　発表者が大変なのに比べて、参加者は事前準備をしなくてよいし、発表される事例にしっかり耳を傾けていればよいのだから、気楽に参加できる。もし、そう思った人がいたら、それは甘い考えであろう。なぜなら**事例検討会という関係の場を作り上げ、そこでの議論を活性化する共同責任**を、参加者一人ひとりが担っているから。その自覚がないと、私たちは受け身的な参加の仕方になりがちである。進行役に発言を求められても、その場の空気に萎縮し、固まってしまう人も出てくる。発表者に質問したいことが何も浮かんでこないこともある。たとえ質問や意見を思いついても、特にビギナーは自信もないので恥をかかないよう、周

1 事例検討会での心得と倫理指針　157

囲の様子を伺いながら押し黙ってしまう。

　この受け身的な姿勢は（善し悪しは別にして）他者とのディベートが不得意な日本人の特徴の現れだと思う。その受け身的な場の雰囲気を打破するために、座長が参加者全員に一言ずつ発言するよう指示することもよく見られる。そうすると皆、自分の考えを発言するから不思議なものである。もう一度繰り返すが、事例検討会という関係の場を作り上げ、そこでの議論を活性化する共同責任を、参加者一人ひとりが担っているのである。

②安全で守られた場

　関係の場を作るとは、相談場面の設定と同じで「**安全で守られた場**」を一緒に作り守ろうとする姿勢に他ならない。たとえ未熟な関わり方であっても否定的な言葉を投げかけて、対面を傷つけない配慮が必要とされる。学術集会などの公の場で、フロアーから辛辣な質問やコメントがなされて、一瞬にして会場の空気が凍り付くような経験をした人も少なからずいるであろう。もし自分がその矢面に立たされると、自尊心（self-esteem）が傷ついて二度と事例発表はしないと決意する人も出てくる。

　加えて、発表者に質問を投げかける場合には、必要に応じて「質問した意図」を付け加えると、発表者も意図がわかって答えやすくなるし、詰問されたように否定的に感じることを防ぐことができるであろう。

③侵襲性を防ぐ配慮

　安全で自由に話せる場とは、**心理的な傷つきを最小限にするために配**慮された場である。**侵襲性を防ぐ配慮**は事例検討会における大切な倫理指針である。ただし、「過ぎたるは及ばざるがごとし」という諺が示唆するように、発表者に気を遣いすぎると、社交辞令的な決まり文句や持ち上げ過ぎのコメントになる。形式的な褒め言葉を聞くと、私など気持ちが悪くなる。傷つけないがための社交辞令的なコメントはいわゆる褒

め殺しで、逆効果になりがちなので控えるべきだと思う。発表者を支えようとする基本的態度が根底にあれば、たとえコメントが厳しくなっても、その言葉の意図は発表者や参加者の心に届いて伝わるであろう。

④逸脱しすぎない

　参加者の姿勢でもう一つ気になることは、自験例を蕩々と話し出す人がいることである。もちろん自分の経験を思い出すことは自然なことで、多くの参加者は自らの経験を連想し、照合しながら耳を傾けている。その上で、発表者にも役立つだろうと思ったことを伝えるのはよいが、自分のことばかりを話して、発表者の事例から逸れて、発言を続けるのはまずいであろう。話しながら脱線しすぎたと感じたら、すぐに発表者の事例に立ち戻って、自らの意見を簡潔に述べるよう気持ちを切り替えるのが適切である。

表3　事例検討会の発表者と参加者における双方が留意すべきチェックリスト

✓	発表者の留意事項
	事例検討会の進め方や時間枠を考慮した書式、文字数、枚数になっているか。
	個人情報の匿名化の確認、氏名はAさん、Bくんなどの記号に置き換えているか。
	事例発表の狙いを自覚し、レジュメの最後に検討課題を具体的に記載しているか。
	子どもと養護教諭の関係性や関わり方（やり取り）を書き込んでいるか。
	子どもの困り感や家庭の問題だけでなく、「強みや可能性」も言及しているか。
	相談の時系列に沿って、相談やケアの文脈や筋を「物語」っているか。
✓	参加者の留意事項
	発表者や参加者が「安全で自由に語り合える場」を作ろうとしているか。
	発表者が答えやすいように、必要に応じて「質問の意図」を言い添えたか。
	発表者を社交辞令で褒めすぎたり、逆に問題点ばかりを指摘し過ぎたりしていないか。
	いま報告されている事例から逸れて、自分が援助した子どもの例を語りすぎてないか。
	参加者の一人ひとりが積極的に質問やコメントをしようと努力しているか。
	前半は、主に子ども理解（見立て）に関する検討を意識しているか。

3）座長や進行役の心得

　これまで述べてきたことに屋上屋を架す記述になるかもしれないが、場づくりの責任者としての心得も整理しておこう。どんな集まりであれ、リーダーや座長が醸し出す雰囲気は、場の居心地を大きく左右する。先ほど詳述した「侵襲性を防ぐ配慮」は、座長や進行役が率先して配慮し守りたい。参加者が受け身的になって発言がない場合は、小さなグループサイズなら、参加意識を高めるためにも順に感想やコメントを述べてもらい、そのコメントを要所で拾いながら議論を方向づけていく。私は、参加者の発言内容を活かしながら、それらを取捨選択してまとめるように心がけている。というのは、個々の参加者が脈絡もなく、バラバラの考えを発表者に投げかけるだけだと、議論の方向性が失われ、釈然としないまま終わってしまうからである。とはいえ、進行役がなんらかの結論を導き出す必要はない、多様な議論を整理した上でオープンエンドにして終われば良い。

　事例検討の基本的な進み方は以下のような展開になる。最初は事実関係の相互確認の質疑、つぎに対象者の見立てや理解について話し合い、後半は見立てを前提にして、養護教諭としての応答の仕方、支援の戦略について話し合い、多職種連携での各人の役割も確認する。最後に発表者をねぎらい、参加者にも感謝の言葉を述べて、お開きにする。実際には、こちらが思い描くように順調に進行することは少ないので、自然な場の流れを尊重すればよい。事例検討の場は即興的に参加者全員で作り上げていくので、その時その場で臨機応変に舵取りをするのが最善であると、私自身は考えている。

4 おわりに

　事例検討会を終えて、発表者も参加者も、それぞれの立場から「今日はおもしろかった！」と感じられると、とても気持ちが軽くなり、実践知という「お土産」も持って帰れる。そして丁寧な検討の結果、対象者の理解が深まり、問題点ばかりでなく、子どもの叫びが聞こえてきたり、気づいていなかった「強み」など可能性に視野が開かれたりする、事例検討の前よりも対象者が好きになれる。**相手のことをよく知ろうとする営みは、相手をよりいとおしく思えるようになる営みでもある。**

　　　　　　　　　　　　　　　　　　　　　　　　　　　（山本　力）

文献

桑原知子（編著）(2020)：事例研究から学ぶ心理臨床（京大心理臨床シリーズ13），創元社

山本 力 (2018)：事例研究の考え方と戦略──心理臨床実践の省察的アプローチ，創元社

山本 力 (2023)：事例論文に挑む人への示唆とサポートの留意点，所収「特集・慢性看護における事例研究法の進展」，看護研究，56 (6)，532-536

山本 力 (2023)：学校での事例検討会のあり方を探求する──心理臨床家からの提案，学校健康相談研究，20 (1)，101-106

第 6 章

事例検討から紡ぎ出される実践知

事例検討会からみえてくる子どもの健康課題

1 時代とともに変化する子どもの健康課題

　子どもの健康課題は時代とともに変化する。近年の子どもの健康課題とその対応について、森田光子氏は、自身がスーパーバイザーとして養護教諭主催の事例検討会にかかわってきたなかで、2009年と2015年に検討された事例を分析検討して報告している[1)2)]。これは、養護教諭主催の事例検討会からみえてきた子どもの健康課題とその背景要因、養護教諭の対応の様子が分かる貴重な資料である。昨今は、2019年末から数年にわたり続いた新型コロナウイルス感染症（covid-19）による影響が考えられるが、今の時代をみつめる資源として紹介したい。

　養護教諭主催の事例検討会に出された検討事例を、表1にまとめた。

　2009年と2015年において、検討事例の第一に挙げられていたのは、「不登校」や「保健室登校」であったそうである。次に多く検討されて

表1　養護教諭主催の事例検討会における検討事例 [1)2)]

	2009年	2015年
1位	不登校・保健室登校　15例	不登校　19例
2位	疾病or疑い　9例	問題行動　13例
3位	暴力的行為　7例	疾病およびその疑い　9例
4位	問題行動　4例	発達に特性を有する問題　5例
5例	養育環境の問題　2例	
全体	37例	46例

いた事例は、年によって順番の入れ替わりはあるが、「疾病」あるいは「疾病の疑い」、「暴力的行為」、「問題行動」であったそうだ。その次に検討されていた事例は、2009年は「養育環境の問題」、2015年は「発達に特性を有する問題」であったとのことである。このような検討事例から子どもの健康課題が見えてくる。健康とは、ＷＨＯの定義にもあるように、身体的にも、精神的にも、社会的にもウェルビーイングな状態であるが、近年は、人間の尊厳や生活の質にもかかわる本質的なものであるという捉え方が浸透している。さらに、人々が自分自身の健康づくりに主体的に取り組めるように、健康に影響を与える社会的決定要因をコントロールし改善することができるように健康づくりが推進されるようになった。子どもが主体で、健康を資源に、自己実現や幸福を目標に、よりよく生きる歩みを後押しすることは、森田光子氏も述べている通り、学校教育の課題でもあると思うのである。

2　子どもの健康課題の背景要因

　続いて、2015年の事例検討会で検討された事例について、森田光子氏が分析した子どもの健康課題の特徴や背景要因[2)3)]を紹介する。

　一つ目に、「不登校」現象について、その特徴や背景要因が多様に変化している様相が、合成事例で具体的に述べられている。その内容を、表2にまとめた。

　最初に、「困っていない不登校」という森田光子氏の命名は、事例検討会で事例に接しているがゆえに、現場の状況を物語っている言葉で表現されていると感じる。背景には、学校教育に対するニーズの変化があるという指摘や、学歴重視、年功序列の雇用の変化は、学校の役割を変えることとなり、物質的・経済的豊かさは、働く意欲や学習意欲に変化をもたらしているという。自分らしく生きたいという志向の高まりも相

まって、楽しければよい、好きなことを見つけて自分らしくいたい、何とかなるという現実認識があるように思われると述べている。事例検討会は、直接かかわっている養護教諭の苦悩、奮闘する先生方が味わっている無力感を共有しながら、対応を検討する場となっているとわかる。

表2 事例検討会からみえてくる不登校事例の特徴や背景要因

事例の特徴	背景要因
困っていない不登校 学校は歩いてまで行くところではない 学校は楽しくないから行かない 無気力の増加、学習意欲の減退	学校教育に対するニーズの変化 学歴重視、年功序列の雇用の変化 物質的・経済的豊かさ 自分らしく生きたいという志向
家庭環境が要因と考えられる不登校 学校生活で不適応を起こす ・家業を手伝い、寝坊すると朝食なし ・疲れて入浴しないまま寝て登校する ・友達が臭くて避けるため欠席がち 不登校の長期化 ・家族のなかに複数の不登校がいる ・保育園から続く不登校傾向 ・学力の低下を招く ・進路、就職の機会が限定される ・低い収入と貧困の連鎖につながる	ゴミ屋敷のような家の状態 親が職業を転々として生活が貧しい 家庭独自の生活習慣や文化の問題 日本語が通じない外国籍の親 介入を拒否する家庭 家庭の教育力・養育力の低下 本人が嫌がることはしない、させない家庭の事情 ゆとりのない大人の生活 自分のやりたいことを優先する自己中心的な大人社会
母子分離不安による不登校 母子で保健室登校 母親が帰宅しようとすると泣き叫ぶ 母親の生活の乱れで登校できない	家族関係のゆがみ、発達の問題 母親・子どもの疾病障害 母親が不安で共依存の関係 診断と告知、早期療育の先送り
発達の問題が推測される不登校 廊下に飛び出す、パニック状態になるので保健室登校を依頼され、優しく接するよう努めたが、暴言・暴力、友達から恐れられ、孤立し、登校を渋るようになる	カウンセリングと療育の混同 本人に任せる自由度の高い対応で二次障害を生む

また、「家庭環境が要因と考えられる不登校」や「母子分離不安による不登校」は、現在も注目されていることであろう。家庭の養育力の低下や文化の問題、例えば、家庭独自の生活習慣や、一般的な家庭とは何か異なる生活の仕方があったり、母子や家族関係にゆがみや課題があると、子どもの生活習慣や学習状況に影響が及び、子どもは学校で不適応を起こすということが具体的に述べられている。学校教育が担っているコミュニケーション能力や社会性の発達、そして、人格形成が心配になる。また、筆者は、子どものためにという文化が失われつつあるという森田光子氏の言葉が印象に残る。なぜなら、それは養護教諭にとっては養護の問題と捉えられるからである。しかし、検討された事例のなかには、養護教諭が、教室での学習に支障が出ている状況をみて、子どもを保健室に受け入れて、生活習慣を整えることの心地よさを子どもに感じてもらうという世話をして、生活習慣が直接子どもに身に付くことをねらってかかわりを継続したが、家庭の状況は変わらず、結果的には学校に来られなくなったというものがあった。工夫した実践を糧に、事例に学び、検討を重ねていきたい。

　二つ目に、「疾病とその疑い」については、精神疾患や発達障害の場合に、診断と告知がなされていないことが多いことから混乱する実情が述べられている。また、近年の精神疾患や発達障害の状態像は、自分で悩むというより、自傷など周囲を巻き込みアピールする例が目立つとのことである。

　三つ目に、「発達の特性を有する問題」については、苦手なことに遭遇すると固まる、集団行動がとれない、コミュニケーションが苦手、返事をしない、教室の後ろの水道で遊ぶ、不安が強く情緒学級から保健室登校になる、パニックで保健室に連れてこられるなどが養護教諭に関係する事例としてあげられていた。発達の問題に対する対応は、カウンセ

1 事例検討会からみえてくる子どもの健康課題　167

リングではなく療育が基本であるが、不登校になってしまうケースには、教員がカウンセリングと療育を混同して、療育が必要という見極めができずに、本人に任せるような自由度の高い対応をして、二次障害として暴言・暴力が引き出されると指摘する。また、知的能力が高いために見過ごされることもあることや、保護者の理解が進まない、同意が得られないなどの課題が述べられていた。

3　事例検討会からみえてくる子どもの健康課題の今

　事例検討会からみえてくる子どもの健康課題は、時代や社会を反映していることを実感する。近年を振り返ると、新型コロナウイルス感染症に対応しながら過ごす生活は、子どもにさまざまな影響を与えたことだろう。ＩＣＴの利活用が進んだことによる影響、不登校の様相の多様化、教室に居られない子どもや保健室で受け入れざるを得ない子どもが増えている状況など、これまでとは何か違った問題を感じるという声が聴かれる。

　事例検討会から、子どもに起きている現象をどう見立ててどう対応するのか、事例を提供してくれた養護教諭の実践を検討することから学び、有効な対応策を見出す機会にもなるであろう。

（亀崎路子）

文献

1) 森田光子（2010）：養護教諭の健康相談ハンドブック，東山書房，127-130
2) 森田光子（2016）：最近の子どもの健康課題とその対応，特別講演要旨，日本学校健康相談学会第12回学術集会報告，学校健康相談研究，13（1），86-90
3) 森田光子（2016）：最近の子どもの健康課題とその対応，日本学校健康相談学会第12回学術集会抄録集，学校健康相談研究，12（2），176-179

事例検討から実践知を紡ぎ出す省察の道筋
── 養護教諭にとっての困りどころは宝の山 ──

1　養護教諭にとっての困りどころ

　養護教諭が気になる子どもには、教科書や専門書に書いてある知識・技術や国や公共団体が示す指針など、一般論ではどうにもならない問題を抱えている子どもがいると感じる。子どものサインに気づいてかかわるなかで「この子はこの先どうやって生きていくのだろう」、「この子にとっての幸せとはなんだろう」など、モヤモヤと悩んだり、「あのような対応でよかったのか」、「どうしたらよかったのか」と思い悩んでしまったりした経験はないだろうか。このような子どもの一生にかかわるような問いは、倫理的な葛藤を生む。それは、他の養護教諭も同じように悩む養護教諭にとっての困りどころ[1]かもしれない。養護教諭にとっての困りどころは、子どもの本質的な問題を含む、子どもの問題の解決につながる鍵となる大切な宝の山であると思う。

2　文脈のなかで最善に判断し行為する実践的知恵「フロネーシス」

　養護教諭は、困りどころに向き合って、そのときの状況を汲み取ってよりよい支援をその場で適切に選択する力が必要である。それはどのような力であるか、アリストテレスが提唱した「フロネーシス」(日本語で「賢慮」、「思慮」「実践的知恵」など)[2)3)]という概念を基に考えたい。「フロネーシス」とは、「倫理の思慮分別をもって、絶えず動いているその都度の状況や文脈の中で、最善の判断と行為ができる実践的知恵」[2)]、「気づいていたら働いていたというような動きのなかで働く『為

す知』」[4) といわれている。事例検討において、よりよい支援を検討するとは、まさに、そのときその状況や文脈のなかで最善に判断し行為する実践的知恵「フロネーシス」を、養護教諭の実践知として紡ぎ出すことといえよう。

3 養護教諭が実践知を紡ぎ出してきた道筋

これまで、先人・先達の養護教諭は、事例検討を通じて、どのような道筋を辿って、そのときその状況や文脈のなかで働く最善の判断や行為となる実践知を紡ぎ出してきたのだろう。

山本力氏は、心理臨床の事例研究法を「後ろ向きに前進する心の営み」と表現している。これは恩師の鑪幹八郎氏が語ったことだそうだ。筆者が共感した部分は、「建築家の仕事のように、事前に企画設計をして、前向きに動いていくのとは違う。そうではなく、（一生懸命取り組んできたことを）『これでいいのかな、これでよかったのかな』と確かめながら歩いてきた。そうして『後ろ向きに前進』してきたら、いつの間にか、ああこういう道を歩んできたんだという感じがする。……それが（自分自身の）『経験』を発見するということにつながる。」というところである[5)]。

このような「後ろ向きの前進」にも例えられる養護教諭の省察の道筋について、これまで報告されてきた文献を基に、具体的に辿ってみよう。

1）体育祭時の「大変だった」出来事の省察

Ａ養護教諭は、小・中学校の養護教諭を25年以上経験しているベテランである。事例は、体育祭時に、負傷した生徒Ｘが体育館に運ばれてきて痛みを訴えて大泣きしているところに、ケガを負わせてしまった

生徒Yが過呼吸発作を起こして教員に運ばれてきて、同時に救急搬送されることになり、養護教諭にとって「大変だった」出来事である[6)7)]。

①困ったこと・大変だった出来事

管理職と話し合い、救急搬送先の病院へは、生徒Xは教頭が、生徒YはA養護教諭が付き添うことを判断したが、その後、養護教諭仲間に「どうだった？」と聞かれて、話をするなかで、自分の判断や対応があれでよかったのか、「大変だった」という思いを振り返らずにはいられなかった。

②事例について問題だと思っていること

A養護教諭は、事故発生直後に、公衆の面前で生徒Xと生徒Yが加害被害の関係になってしまい、ケガを負った生徒Xへの対応を優先し、体育館内へ運んだが、体育館内に人だかりができてしまい、過呼吸発作を起こしている生徒Yが、この人だかりのなかに運ばれてきて、生徒Xの隣に連れてこられた。生徒Yを落ち着かせる対応をしたが難しく、到着した救急隊員の判断で、救急搬送されることになったことが大変だったと言った。そして、事故発生前から「気になる生徒」であった生徒Yが、加害者側になってしまったことが大変な問題だと思っていた。

③見立てや支援についての疑問・検討してほしいこと

A養護教諭は、生徒Xではなく、生徒Yに付き添うという判断をしたのはなぜかということと、「Yが大変だった」という問題意識を強く持つことになったのはなぜかということである。

④集まって語り合う

発生後に養護教諭仲間と話し合った内容の記録をもとに、事例検討を2回行い、「大変だった」と感じている経験を振り返り、事故発生の経過に沿って、A養護教諭が抱いた問題意識、行った実践とその意図、大事にしていた実践の基盤にある意識を話し合った。

⑤事例を通じたそれぞれの内省

　生徒ＹとＡ養護教諭との出会いは、生徒Ｙの弟が早退した後に保健室に来て「僕も帰りたかった」と言いに来るところから始まっている。生徒Ｙは、何か要望があると他の生徒への対応が終わるまで待てずにＡ養護教諭をせかすことがあり、発達の特性が気になる生徒という思いを強くしていた。周りの教職員からもパーソナルスペースが近いとの話があり、保健室掃除当番のときに寄り添って指示的にかかわりながら、もっと生徒Ｙを理解したいと思うようになっていたことを振り返った。

　事故発生直後、校庭の雰囲気が一瞬にして変わったことを感じた際に、校庭にうずくまっている生徒Ｘを見てケガが尋常ではないと感じるとともに、公衆の面前で生徒Ｙが加害者になってしまい、生徒Ｙに対しても大変なことになったという特別な思いを抱いた。救護場所から生徒Ｘのところへ走って行き、普段からおおげさな訴えをする生徒Ｘではあるが、顔部のケガは慎重に対応しなければならないとの思いが頭をよぎった。教員に、校庭の救護場所ではなく直ぐ近くの体育館内へ運ぶように指示し、人払いをしてもらったが、体育館内に人だかりができてしまい、Ａ養護教諭は困ったなと感じた。その後、教頭が救急車を要請したと同時に、泣きじゃくって過呼吸発作を起こしている生徒Ｙが運ばれてきて、生徒Ｘの隣におかれてしまったことが悔やまれた。何とか生徒Ｙを落ち着かせようと寄り添い対応したが難しく、到着した救急隊員が「もう１台救急車を要請します」と言い、Ａ養護教諭はそれに従わざるを得ず、生徒Ｙに申し訳ない思いになった。養護教諭としての使命を果たせなかったことに自責の念をいだいて、「大変だった」という気持ちを強めることになったことが分かってきた。

　そして、Ａ養護教諭が「大変」と感じた出来事を振り返り、事故発生以前から、事故発生および直後、救急処置および救急搬送、事故後、事

後処置、その後のかかわりに至るまで、気になる生徒Yを、「驚きと不安を抱えた」「困っている」子どもであり、加害被害にかかわらず落ち着きを取り戻せるように最善を尽くそうと真剣にかかわる必要のある子どもと捉えていたことが意識化された。

　また、事故後に、生徒Yのことを心配して、学級担任にフォローの電話をいれてもらい、登校日には廊下で声をかけたところ、生徒Yは落ち込んでいる様子もなく安心した。一方で、むしろ嬉しそうにしている生徒Yの反応に違和感を覚えたことを振り返った。そして、生徒Yには「自分も大事にしてほしい」という欲求が潜在的にある、発達に課題があるという見立てを強めるとともに、パーソナルスペースが近いことも事故の要因の一つであることが認識されていった。事後処置として、生徒Yに、人との安心できる距離を教える試みを始めたところ、生徒Yは自発的に保健室に来るようになった。そこで、日常対応のなかで、コミュニケーションの能力が身に付くように、生徒Yが自分の言葉で気持ちを表現することができたら認める対話を心がける対応に修正していったことを振り返った。

　A養護教諭が大変だった経験を振り返るために用いた記録様式を図1に示す。

	起きている出来事の概要		関係者の動き		養護教諭の実践	
	生徒X	生徒Y	教職員	救急隊員	Xに対して	Yに対して
事故発生以前						
事故発生						
事故発生直後						
⋮						

	Yに起きている出来事 Yに対する養護教諭の実践	事例検討を通じて意識化された養護教諭の実践の内容		
		養護教諭の問題意識	実践の意図	実践の基盤にある意識
事故発生以前				
事故発生				
事故発生直後				
⋮				

(論文 [7] を基に筆者作成)

図1　A養護教諭が大変だった経験を省察するための記録様式

⑥見立てや対応策の協議

　A養護教諭は、子どもがどのような出来事に遭遇しようとも、何に困っているのか、どのようなことで大変な状況になっているのか、養護ニーズを感じとるまなざしが重要であったこと、生徒Yにとって、過呼吸はむしろ自分の存在を伝える自己表現の場だったこと、救急処置場面は子どものニーズが大きく表出される場面であり、養護教諭にとって子どもの養護ニーズが浮き彫りになる機会であることが話し合われた。

⑦実践につながる気づきの共有

　A養護教諭が救急処置場面で「大変」と感じた経験は、日常対応で気になる生徒が大変なことになったという問題意識の表れであることが浮き彫りになった。救急処置場面は子どもの養護ニーズが表出し成長を促す機会の第一歩になることに気づいた。さらに、気になる生徒にかかわっていった実践の基盤には、無意識のうちに、内省しつつ修正・実践

していく養護の営みがあり、困っている子どもへの平等な世話、傷病を抱えた子どもへの最善のケア、傷病体験からの回復の援助、成長につながる予感を活かした積極的なかかわり、そして、学校組織への信頼と協働を大事するという信念が働いていることが言葉として紡ぎ出された。

2) 教室を抜け出してしまう生徒への見立てと支援の省察

B養護教諭は、中規模校の中学校に異動して1年目の養護教諭である。事例は、中学2年の終わり頃から誰にも告げずに教室を抜け出すようになり、所在が分からず職員が探すことを繰り返していた中学3年の生徒への見立てと支援である[8]。

①事例における養護教諭の困難点

B養護教諭は、生徒が教室を抜け出し所在不明になったと連絡を受け、クラスメートと一緒にグループ行動をしたくないという理由でふさぎ込んで動こうとしないという場に、学級担任と一緒に立ち会ったのが、当該生徒とのかかわりの始まりであった。このとき、前任養護教諭からは詳しい引継ぎはなく、校内では支援会議などで支援方針についての話し合いが持たれていない状況にあった。その後も、生徒は、教室のざわついた騒音が嫌だと耳をふさいだり、他の生徒に過激な言葉を発するなど、いくつもの理解し難い言動がみられた。B養護教諭は、教室から抜け出すことだけでなく、生徒の不可解な言動などから、この生徒をどう理解してよいのか困っていた。

②事例への対応で養護教諭が意識していたこと

B養護教諭は、この状況を生徒の安全が確認できない危機的状況であると判断し、教員に協力を求め、校内を探し、所在の確認をして危機管理にあたった。並行して、保健室に来室したときの生徒の行動観察を通して生徒の特徴をつかみ、見立てて対応を行うことを意識した。

③事例の問題や対応を捉える切り口

　B養護教諭の見立てとその根拠に着目して、この事例におけるB養護教諭の機能を、初期・中期・後期に分けて考察した。

④集まって語り合う

　定期的な検討会は6回行った。まずは、語り合うなかで生徒の様子とB養護教諭の具体的な判断や対応、その根拠を明確にした。次に、生徒の様子とB養護教諭の判断と行った対応を補完しながら記述した。そして、B養護教諭の見立てとその根拠を中心に経過を初期・中期・後期に分けて、その時期ごとに養護教諭の機能を検討した。

⑤切り口からの事例の省察

・**初期**：B養護教諭は、学校内外を意のままに動き回る生徒の行動観察を通して、行動の意味することを見立てることを行った。生徒は、安全に問題があることから危機管理を考慮した対応が必要な生徒であること、体温調節や騒音が苦手であること、怒りや攻撃性のある表現から何らかの疾病障害が推測されることなど、生徒の状態像を見立てた。そして、校内では、生徒が所在不明になった時は教職員とともに捜して所在を確認したり、様子を見に行って安全を確認する対応をした。また、静かな居場所として保健室を提供し、安心していられるようにした。生徒は毛布を頭からかぶることから、周囲の刺激が少ない状態が良いのだろうと判断したことなどを省察した。

・**中期**：B養護教諭は、うるさくて居られないと教室を飛び出し、学級担任にクラスには戻らないと宣言する生徒の様子から、音に敏感に反応しているのだろうと判断し、発達障害の特徴であると見立てを修正した。そこで、生徒には特性にあった居場所が必要であることなどを校内で話し合い、相談室を提供することになった。相談室ではカーテンを閉めたまま眠ってしまうといった生活パターンになったが、相談

室を飛び出すことはなく落ち着いた生活を送ることができた。その反面、周囲との関係を絶ち相談室にひきこもる傾向が予想された。そこで、B養護教諭は、決まった時間に相談室に行き、眠っている生徒を起こして雑談の時間を作るなど、直接かかわるようにした。雑談のなかから「誰もいない保健室なら行ける」などの生徒の本音が聞けたことから、相談室から保健室に連れ出し、保健室で過ごすなかで意図的に他者とかかわる場を設けるように対応をしていった。生徒は、他の生徒との会話も増え、交友関係を深めることができ、自信と意欲が持てるようになっていったことを振り返った。

・後期：B養護教諭は、生徒が保健室の中で他の生徒と交流するなかで、意欲的な態度が見られることに気づいた。そこで、クラスへの所属感を持たせようと考え、学級担任と相談して活動する場を設けるようにした。そのなかで、賑やかな場を嫌う、他人の不正が許せずに強く批判するなどの困った行動は、発達障害の特性であろうと理解した。まずは、学校生活に慣れるために生活リズムを整えるかかわりをし、定着してきた生活リズムを自己管理できるように、目標を決めて予定を立てさせるなどの支援をし、相談室や保健室以外の場で活動することを増やしていった。一方で、勝手に一人で給食を食べてしまう、誰にも断らずに帰ってしまうなどの行動に対して、話しを聴いて、感情のコントロールができたことを支持しつつ、学校生活を送るうえで必要な支援を見立てて、社会生活に適応するために必要なスキルを教えるといった教育的な支援を行った。生徒が他の生徒とも交流できるようになり意欲的になったことなどを省察した。

なお、B養護教諭が行ってきた見立てと支援を振り返り、養護教諭の機能を検討するために用いた記録様式を図2に示す。

	生徒の様子	養護教諭の判断	養護教諭の実践	養護教諭の機能
中学1年 ～2年				状態像の推測 （ニーズ把握）
中学3年 4月～5月				行動観察から状態 像を見立てる …など
6月～7月				保健室内での環境 整備をし安心感を 与える…など
9月				支援方針の再検討 …など
10月～2月				生活リズムの調整 を図る…など
3月				自己決定の場を作 る…など

（論文[8]）を基に筆者作成）

図2　B養護教諭の見立てや支援を省察し機能を検討するための記録様式

⑥事例における見立てや対応の特徴の整理

　B養護教諭の見立ての特徴は、所在不明になったという突発的な生徒の行動に対応する救急処置場面から始まり、生徒の安全を確保するため、問題となる行動を含む現象の意味を見立てることが急務であったことである。さらに、何らかの疾病障害が推測される状態という理解に終わらず、医師からは情報が得られなかったが、必要に応じて見立てを修正して、支援のためにどのような疾病障害なのかを見立てて、その仮説を持って同時的に、社会生活に必要なスキルを教えるといった教育的な支援の選択が必要であると判断して、支援する必要があったことである。また、見立ての前半はケアが中心で、後半は教育的な支援のために心身の状態を見立てることに重点が置かれていったことである。

⑦典型例の提示

　養護教諭の機能について、初期は、緊急事態の解決が急務であるため、養護教諭は、援助者として居場所を提供し、環境調整者として危機管理のコーディネーターの役割を果たす。並行して、緊急事態から始まるため、対象生徒の安全を確保しつつ、その行動の背景要因をどう見立てて支援するかを見極めることが中心課題である。中期は、緊急事態を脱したら、生徒そのものを理解し、その特性に添いながら、養護教諭が人間関係のモデルとして働き、育てる教育的な支援に移行する。後期は、生徒が自立した社会人として生活できることをめざして、必要な教育的な支援を見立てて、学校生活に適応するために必要なスキルを教え、他者と交流できるようにし、社会性を育む支援を行うことが明らかになった。

3）日常的「養護」対応の省察

　Ｃ養護教諭は、小・中学校の養護教諭を20年以上経験している。事例は、校内持久走大会で気分不良を訴え、応援に来校していた母親に付き添われて保健室に来室した小2児童である[9]。

①養護教諭としての専門性やアイデンティティの揺らぎ

　現状として、「養護」の意味を実感できずに自らの専門性に自信を抱けずにいる養護教諭が少なからずいる。

②明らかにしたい実践上の課題

　日常の養護教諭の子どもへの対応のなかに人間的成長を支援している「養護」があるということを明らかにしていくことを課題とした。

③実践を捉える仮説や概念枠組み

　養護教諭がふだん何気なく無意識に行っている行為のなかにも「養護」の本質が含まれているはずである。この仮説のもとに、「養護教諭

の行為」とその時の養護教諭の「思考内容」、その思考を促す「背景や根拠」、それを規定している養護教諭の日常的に心がけていることや「信念」を捉えることとした。

④集まって語り合う

5人による事例検討会がもたれて、1回目は事例の概要把握、2回目は「養護教諭の行為」を具体的な言葉で記述、3回目はそのときの養護教諭の「思考内容」を質問により明らかにして記述、4回目は養護教諭の思考を促す「背景や根拠」を問うことで引き出す、5回目は「養護教諭の行為」の「背景や根拠」を規定している養護教諭の日常的に心がけていることや、「信念」となることがらについての話し合いを行った。

⑤仮説や概念枠組みからの実践事例の省察

C養護教諭は、普段から過剰適応していることが気になっていた児童に、保健室来室直後は身体症状に丁寧に対応し、安心させながら、自身の不安も取り除いていた。C養護教諭は、「なぜ走るのを止めなかったのだろう」という児童のとった行動に対する疑問から、さらに、児童に共感的に対応しながら答えを探っていき、「もしかしたら苦手な持久走で、がんばらざるを得ない理由があったのかもしれない」と児童の気持ちに気づき、認められたくて過剰適応する児童の課題を明らかにできるチャンスかもしれないと捉えていた。C養護教諭は、「ところで何等賞とりたかったの?」という質問を唐突に発したが、その行為の意図を振り返るなかで、児童の行動の背景を知りたいと思ったことが分かっていった。その時、児童からは、思いがけずに、家族が応援に来ている前で母親を喜ばせようとしてがんばったという本心の言葉「一等賞を取りたかった」が発せられた。しかし、母親が困惑した様子を見せ、我が子に良い成績を要求していることには気づいていないどころか励ましていることを察した。そこで、C養護教諭は母親に、養育態度を否定する

ことはできないと捉え、一緒に考えていこうという姿勢で言葉をかけていった。このことがきっかけとなり、その後、家庭内の環境調整が図られ、児童の成長が促されていった。

なお、C養護教諭が日常的「養護」対応を振り返るために用いた記録様式を図3に示す。「養護教諭の対応（行為）」とその「養護教諭の行為」にともなう「思考内容」には、当該児童とその家族に関する情報について養護教諭が捉えていた先行情報（a）を、養護教諭の思考を促す「背景や根拠」には、それを規定している養護教諭の日常的に心がけていることや「信念」となることがら（b）を振り返るための記録も用いた。

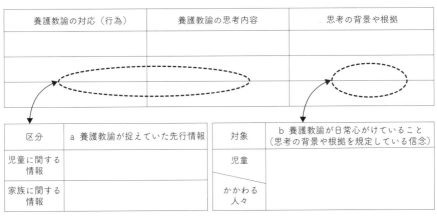

（論文[9]）を基に筆者作成）

図3　C養護教諭の日常的「養護」対応を省察するための記録様式

⑥実践に通底している共通原理や法則性の発見

救急処置場面での対応から、C養護教諭の身体症状を緩和させ、不安を和らげ、小さな診断を重ねる丁寧な対応は、「身体化されたサイン」から子どものニーズを把握しようとする行為であり、養護教諭自身の対

2　事例検討から実践知を紡ぎ出す省察の道筋　181

応への不安を取り除いている。

　また、目の前の出来事と先行情報を突き合わせながら、瞬時に、子どもの行動の背景や「症状やしぐさにはそうせざるを得ない何かがある」と捉えて探っていく過程で、疑問を解消し、人間的な成長を支援している。

⑦実践知の考察

　C養護教諭の救急処置場面での対応には、人間的な成長を支援するという教育的な作用が内包されている。事例検討で養護教諭の判断や対応の根拠を追求していく過程を通して、養護教諭自身が日常心がけていることを他者からの質問により意識化することが、養護とは何かという「養護」内容の追究につながる。

4　事例検討から紡ぎ出される実践知の道筋

　実践の根拠となる知識や技術を体系化したものにテキストがある[10]。事例検討で見いだされる実践知は、テキストに書かれていない知もたくさんあるだろう。ゆえに、普段の子どもとのかかわりを省察することができる事例検討は大事である。

　前述の3人の養護教諭が実践知を紡ぎ出してきた道筋は、図4のように表すことができる。その道筋は、①気がかりを聴いてもらうことから始まり、②問題意識を言葉にする、③問いを立てる、④集まって語り合う、⑤事例を振り返る、⑥実践の意味を物語る、⑦実践知を紡ぎ出す、とまとめることができる。そして、事例検討も、事例研究も、実践研究も、検討すること、検討する深さ、検討する観点、検討することによって目指す目的など、それぞれに異なるけれども、実践知を紡ぎ出す道筋は同じであると考えている。

　こうして、どのような些細なことでも、事例検討の俎上に載せて、実

践につながる気づきを得てみてほしい。そして、検討した事例が典型例であることに気づいたら提示をしてみてほしい。さらには、実践知として考察したこと、または実践モデルの提案を言葉にして伝えてみてほしい。

（亀崎路子）

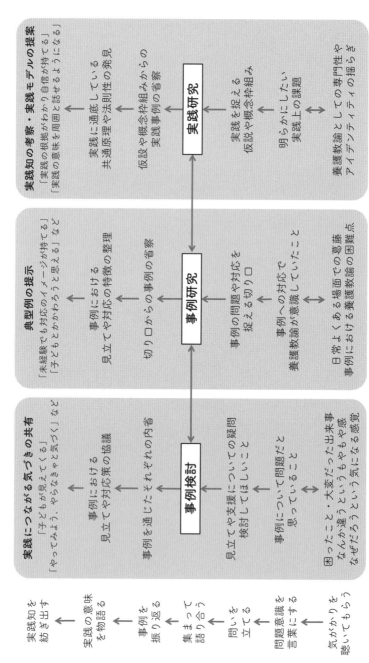

図4 事例検討から紡ぎ出される実践知の道筋

文献

1) 亀崎路子（2015）：実践研究への導入——困りどころから見えてくるもの——，学校健康相談研究，12（1），65-71

2) 野中郁次郎（2007）：フロネシスとしての戦略，財団法人本田財団，本田財団レポート No.119，7-8

3) 山本芳久（2023）：アリストテレス　ニコマコス倫理学，100分 de 名著，NHK テキスト，54-57

4) 塚本明子（2008）：動く知フロネーシス——経験にひらかれた実践知，ゆるみ出版

5) 山本力（2018）：事例研究の考え方と戦略——心理臨床実践の省察的アプローチ：創元社，47-60

6) 中川裕子・河野千枝・大谷尚子（2014）：養護教諭の実践を研究していく過程——体育祭時の救急搬送から養護教諭のこだわりを探る——，学校健康相談研究，11（1），27-38

7) 亀崎路子・古谷明子・出原嘉代子（2015）：気になる生徒とのかかわりの意味に関する実践研究——養護教諭の救急処置場面で遭遇した「大変だった」経験の省察——，学校健康相談研究，12（1），72-83

8) 村山貴子・森田光子・井手元美奈子・清水花子（2008）：教室を抜け出してしまう中3A子への支援——養護教諭の見立てと教育機能に着目して——，学校健康相談研究，5（1），46-57

9) 笹川まゆみ・中川裕子・阿部寿美子・大谷尚子（2005）：日常的「養護」対応の分析的研究——救急場面の事例検討から，学校健康相談研究，1（1），31-37

10) 大谷尚子・鈴木美智子・森田光子編著（2023）：新版　養護教諭の行う健康相談，東山書房，第4版

第 7 章

先達からの養護教諭へのエール

「ふだんの対応」こそが健康相談
―― 日常の事例を検討する ――

1 はじめに

　養護教諭が中心となって、養護教諭がかかわった事例について協議し、その後の対応に生かしていくといういわゆる「事例検討会」が行われるようになったのはいつ頃からだろうか。「日本学校健康相談学会」の前身とも言われた [1]「健康相談を学ぶ会」では、養護教諭がかかわった事例の一つひとつを、時間をかけて検討することを中心に健康相談に関する研修を行ってきた [2]。その「事例検討会からの学び」を本にしようと、小倉氏・飯田氏のご指導のもと、森田氏を中心に原稿を分担して執筆したのは、1980年代前半のことだった。しかし、諸般の事情から刊行できなかった。その時の不全感をこれまで引きずってきたが、今回、森田氏を始めとする先達の実践とその指導のもと行われてきた事例検討会を主軸に据え、「実践知を紡ぎ出す養護教諭の事例検討ハンドブック」が刊行されるとのこと、今は故人となられた恩師や森田氏をはじめ皆、喜んでおられよう。そして今回、執筆された方々に感謝申しあげたい。

2 事例検討から養護教諭としての力量形成へ

　事例検討会は、養護教諭間の交流を通しての学びを得るとともに広めていくために、各地で行われるようになった。多くの養護教諭は一つの学校で一人職であることから、子どもとのかかわり（相談）に不安や迷いが生じることがある。そのような時、事例検討会での学びが、養護教

諭としての自信となり、自校での実践に生かされる。そのことは、養護
教諭としての存在意義を確かなものとするアイデンティティの形成にも
つながったと感じている[3]。

　さらに、事例の検討・分析の積み重ねは、学問としての体系化の一翼
を担っているともいえる。日本学校健康相談学会・第5回学術集会に
おいて、保坂亨氏は「内省的実践家としての養護教諭」というテーマで
の講演のなかで、「養護教諭はかかわった事例について、振り返り、悩
んでいる場合が多い。その事例を丁寧に分析していくことにより、ある
事象に対して、数多くの要因が相互に作用していることがわかる。複雑
な現象に焦点を当てた複雑系科学とも言われているが、そのような事例
を集積していくことで、法則性が見えてくる。それはやがて、法律を変
えたり、学校運営を変えたり、政策等への影響をもたらすことになる」
と述べている[4]。

　例えば、「健康相談」についてみると、養護教諭の前身である学校看
護婦の時代[5]から現代に至るまで、子どもとかかわってきた事例が報
告されている。その活動の積み重ねが、1997年の保健体育審議会答申、
さらに2008年の中央教育審議会答申、2009年の法の一部改正につな
がったと言えるのではないか。

　一つひとつ事例はどれも同じものはないけれども、それを検討・分析
していくことで、養護教諭としての専門性、職務のあり方などの真髄が
見いだされ、それが理論体系化の源となっていくのである。

3　健康相談の経緯と意味

　次に、「健康相談」という言葉について考えていこう。福田邦三氏は、
健康相談には、コンサルテーション型とカウンセリング型の二つの型が
あると述べている[6]。前者は、学校医や看護師、管理栄養士などが行う

診察型のもので、健康問題の解決に向けた指導や指示等をする場合が多い。これに対し後者は主に養護教諭が行っているもので、子どもを丸ごと受け止めて、その不安な気持ちや悩みに寄り添う。養護教諭は、保健室に来室した子どもに対して、医療機関等で行われるような「問診」とは違う形で、子どもの話しに耳を傾け親身に聞いていく。「受けいれて話を聞く」ということを大事にしている。

　一方、近年では平成９年の保健体育審議会答申で示された「健康相談活動」とも言われることがある。これについて森田氏は、その方法論は限定的で、養護教諭が行うカウンセリング型の健康相談とは異なると述べている [7]。このように「健康相談」という言葉は、その研究者によって異なる定義がされていて混乱を来すこともあるが、「日本学校健康相談学会」では、カウンセリング型の健康相談のあり方について研究し、その体系化をしようと、これまで研究を積み重ねてきたし、今後も継続していくことであろう。

4　事例検討への期待

　茨城大学教授小倉学氏が退官する際に、学生や卒業生に向けて「子どもたちへのふだんの対応のなかから、養護教諭自身の満足の発見と健康の増進を（略）」という言葉を遺された [8]。養護教諭にとって、これほどの心強い言葉はない。

　養護教諭は、現代的な健康課題と言われている数々の課題に取組むことは必要である。でもその前に、多くの子どもたちは、微細なケガや体調不良、その他さまざまな理由で保健室に来室する。特に健康上の問題はなくても、「何となく」「話がしたくて」などと言って来室する場合もある。また、保健室の掃除当番として、保健委員会活動の一環として、友達の付き添い等で来室することもある。その際に、何気なく普段

思っていることや、不安な気持ちを吐露することもある。養護教諭は子どもがいかなる理由で来室しても、いつでも受け入れて、子どもの話そうとすることに耳を傾け、丁寧に話を聞いていく。このような対応によって、子どもに自信が育ち、学業や生活への意欲が高められたら、このことが人間形成という教育の実践になっているといってよい、と小倉氏は前述した言葉に続けて述べている。その対応時間は、2～3分程度で終わるものから、長期間かかる場合もある。その時間の長短には関係なく、その対応方法は、受容し傾聴し共感するという「カウンセリング的」な過程をたどっているのである。

このような養護教諭が日常的に保健室で行っている「ふだんの対応」こそが「健康相談」と言えるのではないか。そしてふだんの実践を事例としてまとめることは自己評価することにもなる。それを、事例検討会で俎上にあげ協議していくことが学びなのである。このようにして自己を振りかえり、次のより良い実践につなげていくことに養護教諭としての専門性があると言え、自身の心の健康や生きがいともなる。

今後も一人ひとりを大事にかかわった対応事例を、整理・分析していく「事例検討会」を通して、養護教諭としての職務のあり方・アイデンティティを追究していくことを期待している。

（山中寿江）

文献

1) 日本学校健康相談学会（2005）：会報「日本学校健康相談学会」の設立経過と総会報告，学校健康相談研究，1（1），65-66
2) 山中寿江（2023）：「健康相談を学ぶ会」を通して紡ぎ出された養護教諭の存在意義，学校健康相談研究，20（1），2-5
3) 前掲書2）：4-5
4) 保坂 亨（2010）：内省的実践家としての養護教諭，学校健康相談研究，6

(2), 14-19
5) 山中寿江（2018）：学校看護婦の活動から「養護」の本質を探る——学校看護婦がかかわった事例から検討する——，学校健康相談研究，15（1），52-62
6) 福田邦三（1976）：実践保健学概論，170-172，杏林書院
7) 森田光子（2010）：養護教諭の健康相談ハンドブック，10-11，東山書房
8) 大谷尚子（2005）：小倉学の学校健康相談研究，学校健康相談研究，1（1），65-66

社会の動きのなかで見る「事例検討」
―― 最近の体験から ――

1 他職種の困難を見て……

　『高齢者は集団自決を』と発言した若手経済学研究者がいて驚いた。更に驚いたのが、その彼を財務省等の行政が重用していた事実である[1]。政府そのものが高齢者を蔑ろにしていると言ってもよいだろう。

　圧迫骨折をきっかけに筆者は、介護制度、ケアマネージャー（ケアマネ）や居宅介護支援事業所が身近な存在になった。いま、「深刻化するケアマネ不足、在宅介護受けられない人　増加？」（東京新聞、2024年4月26日）の現実がある。この介護問題[2]に関心をもった筆者の目に留まったのが「事例検討」であった。

　居宅介護支援事業所が介護報酬の加算を得るには、「特定事業所」になればよいのだが、そのためには13項目の要件（特定事業所加算の算定要件）が課されており、その1項目に「他の法人が運営する指定居宅介護支援事業者と共同して事例検討会、研修会等を実施していること」とあった。

　人手が足りず、多忙である現場の厳しい状況のなか、特定事業所になるために「事例検討」が課されている介護の現場。「事例検討」を行うことで、更に多忙になり、人手不足に繋がる悪循環を恐れて、消極的になるのだろうか。逆に、多忙で人手不足・報酬不足を解消するには、まずは介護の専門性を確立する必要があり、そのためには介護の実践の質を高め、実践の意味を確認し、アイデンティティを持つことが介護職の基盤に必要だと捉えて、「事例検討」に積極的になっているのだろうか。

あるいは、ただ、規則に決められているからという理由だけで「事例検討」を行っているのだろうか。

　筆者は、以上の疑問を、養護教諭の皆さんに投げかけたい。「事例検討」は規則等で決められれば行うのかどうか。「事例検討」に参加することで、自らの実践の質が高まることを実感しているのかどうか。「事例検討」に参加することで、養護教諭としての自分が成長していると思えるかどうか、等。

　他の職種の抱える困難を見ながら、はて、養護教諭はどうだろうか。

2　ＡＩを試してみて……

　イスラエルがＡＩを利用してガザを攻撃しているという。ＡＩは核戦争とは別の、人類への脅威をもたらしそうだ。身近な学校現場でも「校長の差別発言　生成ＡＩ使い偽造」（毎日新聞、2024 年 4 月 27 日）とある。流布疑いの教員は逮捕されたとのニュースは、米国東部の出来事であった。ＡＩにはできるだけ触れたくないと思うのは日本人の特徴（ChatGPT「利用している（検討中を含む）」日本：12%、米国：69%、2023 年 5 月末調査）だとして、「日本人はリスクを気にして、使いこなそうとする人がいない。目の前に美味しいご馳走があるのに食べないのは勿体ない」と、リスクも想定しながらも試してみることを勧めていたのが辻野晃一郎氏（グーグル日本法人元社長）であった [3]。

　そこで、筆者は試してみた。ＡＩに「養護教諭対象に事例検討の重要性を講演するとしたら、どのような内容を話したらいいですか？」と質問したのである。

　その結果は「1　はじめに、2　事例検討とは何か？（定義、目的、メリット）、3　事例検討の重要性（複雑化する児童生徒の問題への対応、チーム医療・チームアプローチの推進、養護教諭の専門性の向上、

法的・倫理的な対応）、4　効果的な事例検討の進め方（事前準備、検討過程、留意点）、5　事例検討の活用例、6　質疑応答、7　まとめ」とあった。

　なるほど、文科省と全国及び都道府県養護教諭協議会発行の資料を参考にした解答であり、及第点が出る内容と言えようか。ただし、その参考資料に日本学校健康相談学会の会誌が無くて、残念に思った。その上で、筆者はこのＡＩの回答には満足できなかった。何かが足りない。聴衆である養護教諭が「事例検討」に参加しようと思うための方策が見えないのである。講師が「事例検討」に惚れ込んだ思いとか、伝えたいという意気込みを伝えていく必要があるのではなかろうか。語る人と聞く人の間の響き合いを前提にしたものだったらと思うのである。

　本ハンドブックは、「事例検討」に惚れ込んだ人たちが執筆者になっている。執筆者の体験に基づく熱い思いを読者は受け止めることができるのではなかろうか。

3　若い時の人や本との出会いが……

　「事例検討」について筆者が自分なりに幅広く著作を読み、整理したと思えたのは、「専門性の追究とケース・メソッド」[4]を執筆した時である。必要に迫られて、筆者の大学時代の恩師である田中恒男教授と湯槇ます氏、あるいは先輩の外口玉子氏の著作を読むことになった。筆者の学生時代と言えば、テニス部の活動に熱中し、その部活動費捻出のためのアルバイトにも追われ、授業には不熱心であった。余談だが、田中恒男教授から学んだことと言えば、大学卒業後に、勤務先の中学高校に無かった機器を田中研究室から借用するために手書きの借用書を提出した所、田中恒男教授は筆者の署名（旧姓の「本田」とだけ記載）を見て、「姓だけを記載してその人だとわかってもらえるのは、有名人……」

と言われたことであった（以後、姓と名前を書く習慣が身についている）。だから、卒業後になってから社会常識を含めて学び直しているわけだが、出会ったことのある人の著作とか、在学時代に触れた（熟読したのではなく）著作というものは、学び直しの際には親しさを感じ、読み込むための壁は低くなったように思われる。

　今日、養護教諭志望学生が読む教科書[5]には、「事例検討」が丁寧に取り上げられている。これから誕生する養護教諭たちは、「事例検討」を当然のこととして受け止める基礎をもっているのではなかろうか。あとは、現場での熱い体験を持つ先輩たちとの出会いが必要だ。本ハンドブックの有効活用を期待したい。

（大谷尚子）

文献等

1）山本太郎議員の質疑，参議院予算委員会，2024.3.15
2）上野千鶴子・樋口恵子編（2023）：史上最悪の介護保険改定 ?!，岩波ブックレット No.1079
3）辻野晃一郎・望月衣塑子・緒方聡彦：「愉快なる理想工場」ほか（メンバー限定プレミアム），Arc Times，2024.4.23
4）大谷尚子（2009）：専門性の追究とケース・メソッド（特集1　救急処置の事例検討と養護教諭の専門性），学校救急看護研究，2（1），2-14
5）大谷尚子・鈴木美智子・森田光子編著（2023）：新版　養護教諭の行う健康相談，東山書房，第4版

❖ あとがき ❖

　編著者の4人は、日本学校健康相談学会で出会いました。そして、森田光子先生や執筆していただいた方々と出会ったのもこの会です。日本学校健康相談学会は、「養護教諭の行う健康相談」を追究することを目的に、そこに集った人同士の対話や事例検討を大事にしているところです。この会の存在には感謝しています。そして、私たちのそばには、いつも事例検討がありました。

　先日、私たちは、いつもの事例検討会に参加をしてきました。そこで、若い養護教諭が事例を提供していました。話を聞いていて、自分の対応が不安でしょうがなかったり、今後の対応に悩んでいる養護教諭は、きっとたくさんいることと思いました。その姿は、何年も前の自分を見るようでした。最初は緊張していましたが、話を聞いてもらって、安心感に包まれ、頑張っている自分に気づくことができたり、いろいろな角度から助言をもらって我に返ったり、自分自身を認めることができたように思います。検討会が終わった後には、「あ、これやろう」と次の一歩をもらって帰ったことをしみじみ思い出します。

　本書を執筆するに当たり、第1章・第2章は、編著者の4人で実際の経験を振り返り、まさに事例検討しながらその魅力を表わしたものです。

　そして第3章は、実際に事例検討会を主宰してきた全国の仲間に、その会について紹介していただきました。事例検討会の様子が手に取るようにわかると思います。事例検討会を身近に感じ、参加してみたい、主宰してみたいと思っていただければ幸いです。

　第4章は、養護教諭が行ってきた事例検討の種類や特徴を、森田光子先生の著書「養護教諭の健康相談ハンドブック」をもとに整理し、養

護教諭ならではの事例検討の在り方を示しました。しかし、これは序章に過ぎないと考えています。この本を手に取っていただいたみなさんと共に、養護教諭にとっての事例検討を育てていきましょう。

第5章では、心理臨床家の山本力氏に、豊富な経験と知見をもとに、事例検討のエッセンスを分かりやすくご教示いただきました。近年は、事例検討会におけるプライバシーの保護の問題が気になりますが、指針を示していただけて本当に良かったと思っています。

第6章では、事例をもとに養護教諭の実践知を紡ぎ出す道筋を示しました。山本力氏に「フロネーシス」という言葉を教えていただき、そこからヒントを得ました。養護教諭の為している行いには思慮深い知が埋めこまれており、その知を浮き彫りにすることができるのが事例検討であることを明らかにしました。

第7章は、先達である山中寿江氏、大谷尚子氏に、養護教諭の事例検討への熱い思いとエールを送っていただきました。超越した次元からのメッセージに、心が奮い立たされました。

養護教諭の仕事は、バラエティに富んでいます。何が起こるかわからない状況の中で、誰かの指示で動くのではなく、自分で考えて対応するところに、魅力とやりがいがあると思います。しかし、その分迷うことも多く、悩みを一人で抱えてしまいがちです。そのようなときにこの本を手にとって、事例検討の良さを感じ一歩を踏み出してもらえることを願います。

この本を読まれた方からの、率直なご意見やご感想をお寄せいただければ幸いです。

（編著者一同）

❖ 編著者・執筆者紹介 ❖

編著者

亀崎路子【第1章2・3、第3章5、第4章1・2、第6章1・2】

　北海道出身。杏林大学保健学部看護学科看護養護教育学専攻教授。千葉大学看護学部3年のときに出会った保健室の仕事に魅せられて、養護教諭の道に進む。現場での実践と大学院における実践研究を経て、千葉大学大学院看護学研究科博士後期課程修了後は養護教諭養成に落ち着く。現在は、日本学校健康相談学会会長として、養護教諭の行う健康相談（School Health Counseling）の実践知を仲間と共に追究している。

秋山　緑【第1章1】

　茨城県出身。茨城県公立小学校および中学校の養護教諭として31年間勤務し、現在は養護実践研究センター所属。現職のときに日本学校健康相談学会において実践研究に取り組み、理事を2期務めた。退職後は、新規採用者の指導、事例検討会の支援、および実践研究を通じて後輩の育成に携わっている。

河野千枝【第2章1・2、第3章2】

　愛媛県出身。茨城大学において恩師と出会い、子どもの権利について関心を持ち、大学院に進学した。その後、様々な校種を経て、茨城県公立中学校の養護教諭として勤務し20年になる。その傍ら、日本学校健康相談学会理事を5期務め、地域で事例検討会を運営しながら、子どもの権利と養護を追究し続けている。

古谷明子【第1章3】

　茨城県出身。茨城県公立小学校および中学校の養護教諭として37年間勤務し、現在は養護実践研究センター所属。現職のときに日本学校健康相談学会において実践研究に取り組み、理事を2期務めた。その傍ら、地域の事例検討会の事務局を担当し、森田光子先生から影響を受ける。退職後も、事例検討会を支援しながら、養護教諭の行う健康相談を後輩とともに学び続けている。

執筆者

笹原　和子【第3章1】（元福島県立高校養護教諭・スクールカウンセラー）

斎藤　裕子【第3章3】（千葉県公立小学校養護教諭初任者指導教員）

大木　静子【第3章4】（八千代市立勝田台中学校養護教諭）

出原　嘉代子【第3章5】（元千葉県公立小中学校養護教諭・元了徳寺大学非常勤講師）

小佐野登美子【第3章6】（富士河口湖町立河口湖北中学校養護教諭）

小澤　洋美【第3章7】（南アルプス市立甲西中学校養護教諭）

角田　智恵美【第3章8】（園田学園女子大学教授）

竹俣　由美子【第3章9】（石川県公立小学校養護教諭）

谷本　明美【第3章10】（愛媛県伊方町立伊方中学校サポートルーム教員）

山本　力【第5章1】（岡山大学名誉教授・就実大学名誉教授）

山中　寿江【第7章1】（養護実践研究センター・元聖徳大学短期大学部准教授）

大谷　尚子【第7章2】（養護実践研究センター・茨城大学名誉教授）

※【　　】は執筆を担当した箇所です。

　原稿の執筆の際に、ご協力いただいた笹川まゆみさん、村山貴子さん、貴重なご助言をいただいた山本力先生には心より感謝申し上げます。

　また、意図を汲んでくださりご尽力いただいた文伸の宮川和久さん、杏林大学庶務課の奥野美奈さんが居てくれたおかげで、ここまでこられました。ありがとうございました。

実践知を紡ぎ出す養護教諭の事例検討ハンドブック

2024年（令和6年）11月1日 初版 第1刷 発行

編　　著　亀崎 路子

発　　売　ぶんしん出版
　　　　　〒181-0012　東京都三鷹市上連雀 1-12-17
　　　　　TEL 0422-60-2211　FAX 0422-60-2200

印刷·製本　株式会社 文伸

イラスト　ヤマモトヤマネ
本文DTP　渡邊 真理
カバーデザイン　大嶋 徹
校　　正　野元 克巳
編集協力　宮川 和久

©KAMEZAKI Michiko 2024 Printed in Japan
ISBN 978-4-89390-216-0

乱丁・落丁本はお取り替えいたします。
本書の一部、あるいは全てを無断で複写・複製・転載・データ配信することは、
著作権法上での例外を除き禁じられています。